中 国 名 家 精 品 书 系 □

ZHONG GUO MING JIA JING PIN SHU XI

# 小邮票大中国

## 纪念改革开放四十周年

中国名家精品书系

李亚静 著

吉林出版集团股份有限公司
全国百佳图书出版单位

图书在版编目（CIP）数据

小邮票大中国：纪念改革开放四十周年 / 李亚静著
. -- 长春：吉林出版集团股份有限公司，2018.12
　ISBN 978-7-5581-5909-1

Ⅰ.①小… Ⅱ.①李… Ⅲ.①邮票－收藏－中国
Ⅳ.① G262.2

中国版本图书馆 CIP 数据核字 (2018) 第 238078 号

## 小邮票大中国 纪念改革开放四十周年
XIAO YOUPIAO DA ZHONGGUO
JINIAN GAIGE KAIFANG SISHI ZHOUNIAN

李亚静　著

| 出版策划 | 曹 恒 | 责任校对 | 王 宇 |
| --- | --- | --- | --- |
| 责任编辑 | 黄 群 / 付 乐 | 装帧设计 | 贾 昕 |

| 开 | 本 | 170mm×240mm | 出版 / 发行 | 吉林出版集团股份有限公司 |
| --- | --- | --- | --- | --- |
| 印 | 张 | 16 | 地 址 | 长春市·绿园区·泰来街 1825 号 |
| 字 | 数 | 100 千字 | 邮 编 | 130062 |
| 版 | 次 | 2018 年 12 月第 1 版 | 邮 箱 | tuzi8818@126.com |
| 印 | 次 | 2018 年 12 月第 1 次印刷 | 电 话 | 0431-88029858 |

三河市荣展印务有限公司　　　　　ISBN 978-7-5581-5909-1　定价 68.00 元

版权所有　侵权必究

# 前言

《论语·为政》有云:"三十而立,四十而不惑。"2018年,是中国改革开放的第40个年头,从1978年开始,中国的改革开放经历了探索、挫折、迷惘到奋进、崛起和快速发展的历程,而今终于迈进了不惑之年。40年风风雨雨,40年砥砺前行,如今的中国以更加开放的姿态,更加宽广的胸怀走近了世界舞台的中心,在世界上扮演着越来越重要的角色。

回首往事,感慨万千。1978年12月,具有划时代意义的十一届三中全会在北京举行,中国从此拉开了改革开放的序幕,破除旧的观念,挣脱以阶级斗争为纲的藩篱,全党的工作重点终于转移到以经济建设为中心上来。改革开放不仅改变了20世纪后期的中国,更是影响了整个世界。在40年的改革开放征程中,中国人民奋发向上,成绩斐然。为有牺牲多壮志,敢叫日月换新天。40年来,中国人民攻坚克难,在摸索中前行,坚定地走改革开放的道路,神州大地发生了翻天覆地的变化。建立经济特区、抗洪救灾、抗击非典、飞船上天、香港和澳门回归……一个又一个经典难忘的画面,将被人永远铭记,奋进的精神和辉煌的成就永载史册。

  邮票,是时代的烙印,承载着国家文明发展的记忆。邮票方寸,却蕴含着国家的历史、政治、经济和文化。在中国改革开放40年的征程中,中国邮票不仅记载了许许多多的重大事件,留存了40年来中国人民砥砺奋进的记忆,更见证了国家的文化历程,是弘扬新时代的旗帜。小小邮票,见微知著。我们将通过一枚枚邮票,讲述中国改革开放40年来的历史和人物故事,再现那些激动人心的历史时刻,抒写一曲改革开放40年的方寸赞歌。

# 目录

## 壹 | 永恒记忆

中国改革开放的总设计师——邓小平　02
经济特区　03
抗洪救灾　06
香港回归　08
澳门回归　10
万众一心 抗击"非典"　12
北京奥运会　14
一带一路　16
京津冀协同发展　18
雄安新区　20

## 贰 | 忽如一夜春风来

全国科学大会　21
希望的田野　23
城市经济体制改革　27
开发区大有希望　32
科学技术是第一生产力　34
教育要面向现代化，面向世界，面向未来　36
新宪法　38
民族区域自治　39
为把我军建设成为一支强大的现代化、正规化
革命军队而奋斗　44
极地科考　47
"一国两制"的构想　48
和平外交　52
南方谈话　54

## 叁 | 人间正道是沧桑

| 国企改革 | 57 |
| --- | --- |
| 建设成就 | 60 |
| 西部大开发 | 65 |
| 上海浦东 | 67 |
| 加入世贸组织 | 70 |
| 科教兴国 | 72 |
| 三峡水利枢纽 | 74 |
| 水利工程 | 78 |
| 建设一流大学 | 82 |
| 珍惜资源 保护环境 | 89 |
| 保护世界遗产 | 91 |
| 质量建军 科技强军 | 93 |
| "神舟"飞天 | 95 |
| 全方位外交 | 97 |

## 肆 | 继往开来

| 加快基础设施建设 | 101 |
| --- | --- |
| 经济产业自主创新 | 105 |
| 区域经济协调发展 | 107 |
| 青藏铁路全线通车 | 108 |
| 节能减排 低碳环保 | 110 |
| 社会主义文化大繁荣 | 111 |
| 光荣与梦想 实现中国体育跨越式发展 | 116 |
| 2010年上海世界博览会 | 128 |
| 航天事业取得突破性进展 | 133 |

民族大团结　　　　　　　　　　　　　136
抗震救灾　　　　　　　　　　　　　140
加强与各民主党派合作　　　　　　　143
推进国防和军队建设　　　　　　　　144
推进"一国两制" 实现祖国和平统一大业　147
始终不渝地走和平发展道路　　　　　150
关注"三农"　　　　　　　　　　　153
促进教育公平　　　　　　　　　　　155
完善社会保障体系　　　　　　　　　157
健全医疗制度　提高健康水平　　　　158

## 伍 | 长风破浪会有时

中国梦　　　　　　　　　　　　　　159
新时代的全面深化改革　　　　　　　161
经济建设取得重大成就　　　　　　　163
农业现代化稳步推进　　　　　　　　177
区域发展协调性增强　　　　　　　　178
科技强国　　　　　　　　　　　　　180
民主法治建设迈出重大步伐　　　　　186
思想文化建设取得重大进展　　　　　190
坚定文化自信　　　　　　　　　　　196
人民生活不断改善，脱贫攻坚战取得决定性进展　211
生态文明建设成效显著　　　　　　　215
强军兴军　开创新局面　　　　　　　221
港澳台工作取得新进展　　　　　　　226
开放全方位对外开放新格局　　　　　229

## 后记

## 壹
### 永恒记忆

  1978—2018，中国走过了轰轰烈烈的四十年。四十年众志成城，四十年砥砺奋进，四十年春风化雨，如今中国以更加骄傲的姿态屹立东方，从容地面对新时代的世界潮流。

  1978年12月，党的十一届三中全会在北京举行，标志着中国开启了改革开放的历史征程，全会的中心议题是根据邓小平同志的指示讨论把全党的工作重点转移到经济建设上来。改革开放不仅改变了20世纪后期的中国，更影响了世界。在这四十年的改革开放工作中，我们锐意创新，成果卓越。建立经济特区、抗洪救灾、香港回归……这些灿烂的时刻将永载史册，见证了中国再一次地走向辉煌！

# 中国改革开放的总设计师——邓小平

改革开放和现代化建设总设计师邓小平（1904—1997），四川广安人。全党、全军、全国各族人民公认的享有崇高威望的卓越领导人，伟大的马克思主义者，伟大的无产阶级革命家、政治家、军事家、外交家，中国特色社会主义理论的开创者和邓小平理论的主要创立者。

以邓小平为核心的中共中央领导集体，深刻总结社会主义建设的经验教训，解放思想，实事求是，作出把党和国家的工作重心转移到经济建设上来、实行改革开放的历史性决策，确立社会主义初级阶段基本路线，提出现代化建设"三步走"发展战略，创立邓小平理论，开辟了中国特色社会主义道路。

# 经济特区

1979年，邓小平首次提出应开办"出口特区"，同年，中共中央、国务院决定设置深圳、珠海、汕头和厦门四个出口特区，作为我国对外开放的窗口。1980年，中共中央和国务院决定将"出口特区"改名为"经济特区"。同年8月26日，第五届全国人民代表大会常务委员会第十五次会议决定，批准国务院提出的在广东省的深圳、珠海、汕头和福建省的厦门设立经济特区的决定。

经济特区的设立，是我国改革开放的重要举措。它通过减免关税等优惠政策吸引外商投资，引进国外先进技术，利用国外人才和管理经验促进我国相应地区的经济技术方面有所发展。这种政策在我国工业化、城市化和现代化进程中发挥了重要作用，成为中国实施区域经济发展战略的重要形式。40年后的今天，在以习近平同志为核心的党中央正确领导下，我国进一步加快了开放步伐，共成立了深圳、珠海、汕头、厦门、海南、喀什、霍尔果斯七个经济特区。

邓小平同志曾针对经济特区的设立说过："特区是个窗口，是技术的窗口，管理的窗口，知识的窗口，也是对外政策的窗口。"这句话深刻地揭示了建立经济特区的目的和意义，它不仅在我国的体制改革和现代化建设中起着重要的作用，也是我国自主创新化发展的一个重要部分。中央领导多次指出，发展经济特区，是建设有中国特色社会主义事业的重要组成部分，将贯穿我国改革开放和现代化建设的全过程。

## 经济特区

邮票志号　1994-20
发行日期　1994.12.10

（5-1）深圳

（5-2）珠海

（5-3）汕头

（5-4）厦门

（5-5）海南

## 深圳经济特区建设

邮票志号　2000-16
发行日期　2000.8.26

（5-1）金融中心区

（5-2）中国国际高新技术成果交易会展览中心

（5-3）盐田港区

（5-4）深圳湾旅游区

（5-5）蛇口工业区

　　我国的经济特区创办时间虽然较短，却是推动我国经济建设和现代化建设的重要力量。因此，我们应认真总结其创办和发展过程中的经验，这对于我国改革开放和社会主义现代化建设事业的发展有着独特的意义与价值。经济特区的成功实践，深刻地印证了党对我国的正确领导和社会主义制度的优越性，生动地反映了我国历史性变革的实现，也是建设中国特色社会主义的重要组成部分和重要成果。认真总结经济特区的发展经验，可以不断丰富建设中国特色社会主义的理论，为中国特色社会主义的实践贡献一份力量。

# 抗洪救灾

　　1998年夏，我国长江流域遭受了多年未遇的特大洪水灾害，本次洪水灾害水量之大、时间持续之久、危害范围之广，为近数十年所罕见。同期，长江、嫩江、松花江也发生超历史纪录的特大洪水。珠江流域的西江和福建闽江也一度发生特大洪水，至此，全国共有29个省（自治区、直辖市）遭受了不同程度的洪涝灾害。

　　面对特大洪水的袭击，党中央和国务院审时度势，正确判断，周密部署，广大军民奋勇抗洪。中华人民共和国成立以来建设的水利工程发挥了巨大的作用，大大减少了灾害造成的损失。党和国家领导人多次亲临抗洪第一线，各级领导干部也纷纷奔赴现场，同广大军民一道顽强奋战。

　　几十万军民一同与洪水恶浪战斗，在那个时刻，生命高于一切。灾民互救，志愿者援救，解放军奋不顾身……面对这样严重的自然灾害，人们众志成城，奋力抗洪，终于赢得了这场战斗的胜利。

　　同年9月28日，全国抗洪抢险总结表彰大会在北京隆重举行，江泽民总书记发表重要讲话，宣告抗洪抢险斗争已取得全面胜利。

抗洪赈灾

邮票志号　1998-31
发行日期　1998.9.10

洪水无情人有情，灾情牵动万人心。国家邮政局决定增发这套《抗洪赈灾》附捐邮票，并将附捐和邮资的销售收入一起交给有关部门，用于抗洪救灾。邮票画面以"众"字为主图，将"众"字变形，显现出众多的"人"手挽手，组成一道道人墙，有力地抵御着洪水。

## 香港回归

一百多年前，第一次鸦片战争爆发，战败的清政府被迫签下了丧权辱国的《南京条约》，将香港岛割让给了英国。第二次鸦片战争失败后，英国迫使清政府于1860年签订《北京条约》，割让九龙半岛；中日甲午战争之后，英国又逼迫清政府于1898年签订《展拓香港界址专条》，强租九龙半岛北部大片土地及附近200多个大小岛屿（即后来的新界）。从此，中国的土地缺少了重要的一块。在这一百多年来，多少思乡之情，多少屈辱之泪汇集在香港这块土地上。

一百多年后，中国共产党领导的中华人民共和国已经可以骄傲地屹立在世界东方，用自己强大的臂膀将香港重新拥入怀中。

1997年7月1日，中国人民终于迎来期盼已久的时刻。在香港政权交接仪式上，江泽民庄严宣告："中国对香港恢复行使主权，中华人民共和国香港特别行政区正式成立。"鲜艳的五星红旗和香港特别行政区区旗在高亢的国歌声中升起，五洲四海万众瞩目，神州大地一片欢腾，雷鸣般的掌声经久不息。历经百年沧桑的香港终于回到祖国的怀抱，中国人民终于洗雪香港被侵占的百年国耻。

香港回归后，为促进香港的继续繁荣，我国实行"一国两制"的基本国策，除外交和国防事务属中央人民政府管理外，香港享有高度自治权，以保持香港长期的稳定发展，创造香港美好的未来。

## 香港回归祖国

邮票志号　1997-10
发行日期　1997.7.1

（2-1）中英联合声明

（2-2）中华人民共和国香港特别行政区基本法

# 澳门回归

　　1999年12月20日，中国和葡萄牙两国政府在澳门如期举行了政权交接仪式，中华人民共和国澳门特别行政区正式成立。

　　江泽民总书记指出，中国政府按照邓小平提出的"一国两制"的伟大构想，成功地解决了香港、澳门问题，这是中国人民在完成祖国统一的大业中取得的重大进展。

## 澳门回归祖国

邮票志号　1999-18
发行日期　1999.12.20

(2-1) 中葡联合声明

(2-2) 中华人民共和国澳门特别行政区基本法

# 万众一心 抗击"非典"

"非典"即"非典型病毒",也就是重症急性呼吸综合征(英语:SARS),为呼吸道传染性疾病,主要传播方式为近距离飞沫传播或接触患者呼吸道分泌物传播。"非典事件"是指自2003年以来我国局部地区发生的一类由冠状病毒引起的肺部感染病征。

2002年年底"非典"在广东顺德爆发,并逐渐扩散至东南亚乃至全球。该疫情爆发时引起了社会的强烈恐慌。由于初始阶段对其危害重视度不够,未严加控制,导致疫情迅速蔓延至全国各省市。2003年4月,以胡锦涛总书记为代表的中共中央领导全国人民,万众一心,开展了与"非典"的顽强抗争。在这个艰难的过程中,许多医护人员在医治病人时不幸导致自己感染,甚至献出了自己宝贵的生命。在全国人民的共同努力下,我们终于夺取了抗击"非典"疫情的重大胜利。

在这次历时大约七个月的与疫情病魔的斗争中,我们看到了一个民族不屈的崇高品格,看到了源自民族灵魂深处强大的凝聚力。"非典事件"让我们深刻认识到医疗卫生领域存在的问题。自此,国家不断加大投入,完善公共卫生和疾病预防控制体系。这次斗争的胜利也为我国进一步做好公共卫生和疾病防控工作、推动科学发展提供了重要启示。

万众一心 抗击"非典"

邮票志号　特4-2003
发行日期　2003.5.19

# 北京奥运会

2001年7月，经国际奥委会投票选定，北京获得2008年第29届夏季奥林匹克运动会的主办权。消息一经传出，北京群众涌向天安门狂欢。这次申奥成功，不仅向全世界证明了中国的实力，也说明了全世界对中国实力的肯定。

本届奥运会以"新北京、新奥运"为主题，倡导"绿色奥运，科技奥运，人文奥运"的理念，口号为"同一个世界，同一个梦想"。

本届奥运会以"贝贝""晶晶""欢欢""迎迎""妮妮"五位福娃为吉祥物，寓意深刻。奥运圣火传递活动也堪称是历届中线路最长、范围最广、参与人数最多的一次。本届奥运会共有来自204个国家和地区的11438名运动员参加，大会共设立302项（28种运动）比赛项目。本届奥运会共创造了43项新的世界纪录及132项新的奥运纪录，共有87个国家和地区在赛事中取得奖牌，中国以51枚金牌居金牌榜首名，是奥运历史上首个登上金牌榜首的亚洲国家。

此次奥运会意义重大，影响深远。它的成功举办，不仅向世界展示了中国在过去这些年来的现代化发展和开放之路的成果，更展现了中国的大国风范。国际奥委会前主席萨马兰奇更将此次奥运会评价为所有奥运会中最好的一届奥运会。

## 第29届奥林匹克运动会开幕纪念

邮票志号　2008-18
发行日期　2008.8.8

# 一带一路

"一带一路"是"丝绸之路经济带"和"21世纪海上丝绸之路"的简称，是由习近平总书记于2013年提出的合作倡议。通过重走西汉张骞走过的陆上丝绸之路与秦汉时期的海上丝绸之路，为我国的经济中心向西部与内陆转移、促进周边国家共同繁荣发展提供了良好的契机，体现了我们国家领导人愿与世界各国开放、包容、合作、共享的决心与态度，更是我们坚定不移走改革开放道路的伟大创新与重要举措。

"一带一路"国际合作高峰论坛于2017年5月14日至15日在中国北京举办。中国通过主办此次高峰论坛，同有关各方一道，推进"一带一路"建设，为推动利长远、惠民众的合作打好基础，共创美好未来。

在当前的国际背景下，中国已成为世界第二大经济体，中国的经济发展早已和世界经济息息相关。"一带一路"倡议的提出可以促进与周边国家的区域性发展，让周边国家的居民也能享受到中国改革开放的胜利果实。

"一带一路"倡议提出以来，沿途各国积极响应，合作建设了蒙内铁路、卫星通信、卡拉奇—拉合尔高速公路、巴基斯坦卡洛特水电站、印尼雅万高铁、德黑兰至马什哈德高铁、孟加拉希拉甘杰电站二期、中巴经济走廊等多个项目，充分利用了各国的资源，实现了经济互补，沿途居民无不拍手叫绝。

"一带一路"国际合作高峰论坛的举办是我国坚定不移走改革开放道路的具体体现，是我国勇于承担大国责任的具体体现，更是我国致力于创建人类命运共同体的具体体现。

# "一带一路"国际合作高峰论坛

邮票志号　2017-10
发行日期　2017.5.14

# 京津冀协同发展

　　北京是我国的首都，但是在发展过程中却出现了诸多问题，例如人口过多、产能过剩、资源过少、发展不均衡等，疏解北京的非首都功能刻不容缓。而相比较之下，在北京周边的河北与天津地区，发展却大大不如北京地区，许多资源得不到充分利用，产业相对落后，且地区间发展相对独立，合作极少。在此情况下，京津冀协同发展的呼声越来越高，区域合作势在必行。

　　通过以北京、天津、雄安新区为核心的京津冀一体化协同发展，打破了行政区域间的隔阂，使城市与城市间、省市之间通过合作共同发展，各行所长、各取所需，在各个领域均取得了重大突破。京津冀协同发展战略实施以来，京津冀三地的交通要道均得到了有效修建，许多"断头路""限行路"得到疏通，未来还将形成"四纵四横一环"的城际交通网，为三地联动打下重要基础；另外，三地在环保、医疗、教育等方面也有合作。通过京津冀一体化协同发展，有望使京津冀在华北地区形成在国际上有重大影响力的城市群，这体现了国家在城市发展问题上的远大目标与前瞻性。

　　推动京津冀协同发展是当前我国重大的国家战略，目的是要通过疏解北京非首都功能，调整经济结构和空间结构，促进区域经济协调发展，形成新的增长点，走出一条内涵集约发展的新路子，探索出一种人口经济密集地区优化开发的新模式。京津冀协同发展战略对于推进"四个全面"战略布局、实现"两个一百年"奋斗目标和中华民族伟大复兴的中国梦，具有重大现实意义和深远的历史意义。

## 京津冀协同发展

邮票志号　2017-5
发行日期　2017.3.9

（3-1）交通互联互通

（3-2）生态联防联治

（3-3）产业对接协作

京津冀协同发展（小型张）

# 雄安新区

2017年4月1日，中共中央、国务院印发通知，决定设立河北雄安新区。雄安新区规划范围涉及河北省雄县、容城、安新3县及周边部分区域，地处北京、天津、保定腹地。区位优势明显、交通便捷通畅、生态环境优良、资源环境承载能力较强，发展空间充裕，具备高起点、高标准的基本开发建设条件。

设立雄安新区，是以习近平同志为核心的党中央作出的一项重大的历史性战略选择。这是继深圳经济特区和上海浦东新区之后又一具有全国意义的新区，是千年大计、国家大事。雄安新区的设立对于集中疏解北京非首都功能，探索人口经济密集地区优化开发新模式，调整优化京津冀城市布局和空间结构，培育创新驱动发展新引擎，具有重大的现实意义和深远的历史意义。

河北雄安新区设立纪念　　　　　　　　　　邮票志号　2017-30
　　　　　　　　　　　　　　　　　　　　发行日期　2017.12.22

（2-1）新起点
（2-2）新使命

# 全国科学大会

  1978年3月18日至31日，全国科学大会在北京召开，中共中央副主席、国务院副总理邓小平在开幕式上作了重要讲话，阐明了马克思主义关于科学技术是第一生产力的观点，并强调为社会主义服务的知识分子是劳动人民的一部分。全国科学大会的召开使知识和知识分子重新受到重视，调动了广大知识分子为"四化"服务的热情，开始了科教领域的拨乱反正。因而这次空前盛会也被誉为"科学的春天"。

## 全国科学大会

邮票志号　J.25
发行日期　1978.3.18

（3-1）科学的春天

（3-2）向四个现代化进军

（3-3）努力攀登科学高峰

全国科学大会（小型张）

## 希望的田野

　　由于生产关系不能适应生产力的发展，我国进行了经济体制改革，并首先在农村取得突破。1978年12月，安徽凤阳小岗生产队社员自发订立大包干合同。在党中央的支持和推动下，家庭联产承包责任制在全国迅速推广。农村基本制度的改革，不仅调动了家庭分散经营的积极性，还体现了集体统一经营的优越性，因此极大地促进了农业和农村经济的发展。1982年1月1日，中共中央批转《全国农村工作会议纪要》，肯定包产到户等各种生产责任制都是社会主义集体经济的生产责任制。

## 农村改革发源地——小岗村

邮票志号　JP153
发行日期　2008.12.18

1978年11月24日晚上，在安徽省凤阳县凤梨公社小岗村西头严立华家里，18位农民召开了秘密会议，并签下了一份不到百字的分田包干保证书。最主要的内容有三条：一是分田到户；二是不再伸手向国家要钱要粮；三是如果干部坐牢，社员保证把他们的小孩养到18岁。

## 中华人民共和国成立六十周年

邮票志号　2009-25（4-2）
发行日期　2009.10.1

**改革开放**

"联产承包好"——中华人民共和国成立三十五周年庆典上的农民游行时的标语。

## 中华人民共和国成立三十五周年

邮票志号　J.105.（5-2）
发行日期　1984.10.1

**希望的田野**

党的农村经济体制改革得到农民衷心拥护，从1979年到1983年，农业总产值年均增长近8%。

## 今日农村

邮票志号　T.118
发行日期　1987.6.25

(4-1) 江南小镇

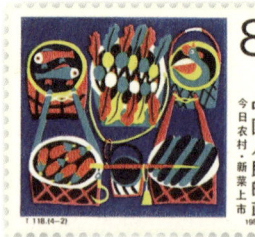
(4-2) 新菜上市

(4-3) 喂牛

(4-4) 看电影

## 农村风情

邮票志号　T.125
发行日期　1988.2.10

(4-1) 丰歌高奏　喜乐长鸣

(4-2) 各显神通　吉庆有余

(4-3) 知识闪光　龙腾凤飞

(4-4) 丰衣足食　安居乐业

# 城市经济体制改革

在农村经济体制改革的推动下,城市经济体制改革的试点范围逐步扩大,要求全面改革的呼声日益强烈。对外开放的扩大,使人们进一步看到,正在世界范围内兴起的新技术革命对我国经济发展是一种新的机遇和挑战。在这种形势下,进行经济体制的全面改革,使我国的经济发展充满生机和活力,显得更为迫切。城市经济体制改革以增强企业活力为中心环节,进行了承包、租赁、股份制等改革。

## 社会主义建设成就（第一组）

邮票志号　T.128
发行日期　1988.9.2

中华人民共和国成立以后，中国开始进入社会主义建设时期，到20世纪80年代改革开放后，中国的经济建设突飞猛进，许多大型工程先后竣工。

(4-1)为"秦皇岛港煤码头"，位于秦皇岛市海港区，该港口长年不冻、不淤，水深、浪小，是一个天然良港。1983年7月，一期工程建成投产，形成了晋煤外运、北煤南运的一条水上大通道。1985年，建成了年吞吐量为2000万吨的煤二期码头。1989年，又建成了年吞吐量为3000万吨的煤三期码头，使秦皇岛港一举成为世界最大的煤炭中转码头。

(4-2)为"齐鲁三十万吨乙烯"，该工程是中国最大、设备最现代化的工程。1984年4月1日正式开工建设，1987年9月26日举行竣工投产典礼。1988年7月6日，齐鲁三十万吨乙烯二期工程4套装置试车一次成功，产出了合格产品。

(4-3)为"上海宝山钢铁总厂"，是在改革开放之初，中国和日本共同建设的一个大型钢铁联合企业，是中华人民共和国成立以来引进技术最多、装备水平最高的现代化大型钢铁企业。1978年12月，宝钢第一期工程开始动工修建，1985年9月建成投产。

(4-4)为"中央电视台"，是中国最有影响力的电视台，它能使用卫星收录与播送国际国内的电视节目，为丰富人民生活起了不可估量的作用。1984年建成。总建筑面积八万多平方米，堪称世界一流。

(4-1) 秦皇岛港煤码头

(4-2) 齐鲁三十万吨乙烯

(4-3) 上海宝山钢铁总厂

(4-4) 中央电视台

# 社会主义建设成就（第二组）

邮票志号　T.139
发行日期　1989.8.10

（4-1）北京国际电信局

（4-2）山西古交西曲煤矿

（4-3）青海龙羊峡水电站

（4-4）衡广复线大瑶山隧道

(4-1)为"北京国际电信局"，是国内现代化的国际电话和用户电话专用出入口局。它以天上的卫星、空中的微波、地下的电缆等有形无形的条条电路，编织了一个紧连祖国四方，可达世界各地的现代化通信网。于1987年12月23日通过国家验收并正式开通使用。

(4-2)为"山西古交西曲煤矿"，位于山西省古交市汾河北岸，是由中国自行设计、自行施工的一座现代化大型矿井。1979年8月1日正式开工，1984年12月1日正式投产。

(4-3)为"青海龙羊峡水电站"，位于黄河上游的龙羊峡谷进口处，是黄河流域规划中的第一个梯级电站，是以发电为主，兼有防洪、灌溉、防汛、渔业、旅游等综合功能的大型水利枢纽。1976年正式开工，到1979年11月实现工程截流；4台发电机组分别于1987年10月4日、1987年12月8日、1988年7月5日、1989年6月14日相继投产。

(4-4)为"衡广复线大瑶山隧道"，位于广东省北部韶关市西北坪石至乐昌间的京广铁路衡广（衡阳—广州）复线上，自北向南穿过大瑶山，全长14.295千米。隧道工程1981年11月开工，1987年4月顺利贯通，1989年12月建成，是目前中国最长的双线电气化铁路隧道。

1984年，中共中央、国务院决定开放大连、秦皇岛、天津、烟台、青岛、连云港、南通、上海、宁波、温州、福州、广州、湛江、北海共14个沿海港口城市。随后长江三角洲、珠江三角洲、闽东南等地也相继开放，海南岛被辟为最大经济特区，沿海开放格局初步形成。

**海南建省**　　　　　　　　　　　　　　　　邮票志号　J.148
　　　　　　　　　　　　　　　　　　　　　　发行日期　1988.4.20

（4-1）五指山 　　　　　　　　（4-2）万泉河

（4-3）天涯海角 　　　　　　　（4-4）鹿回头

## 海南特区建设

邮票志号　1998-9
发行日期　1998.4.13

(4-1) 海口城市建设

(4-2) 洋浦经济开发区

(4-3) 三亚凤凰国际机场

(4-4) 亚龙湾国家旅游度假区

# 开发区大有希望

1984年邓小平视察广东、福建、上海等地后，提出了进一步加快改革开放的指导思想。自1984年年底到1988年，共批准设立了大连、秦皇岛、天津、烟台、青岛、连云港、南通、闵行、虹桥、漕河泾、宁波、福州、广州、湛江14个经济技术开发区，实施类似于经济特区的优惠政策，集中地为外商提供投资场所，兴办工业项目，引进先进技术和科研项目，开发新产品，兴办新产业。它们像璀璨的明珠，镶嵌在神州大地上，成为我国经济新的增长点，它们是对外贸易的主力军，吸收外商投资的热土，成为新型工业化的基地，发展高新技术产业的园区，体制创新的试验区和精神文明建设的示范区。实践证明，国家级经济技术开发区在对外开放、吸引外资、引进技术等方面发挥了巨大的作用，成为中国引进外来资金和先进技术最重要的地区。

1986年8月21日，邓小平同志来到天津经济技术开发区视察，在与开发区干部座谈时，有人当面询问邓小平同志说："小平同志，中国的改革开放存不存在收的问题？"邓小平同志当即坚定、郑重地说："对外开放还是要放，不放就不活，不存在收的问题。"随后，邓小平同志给天津经济技术开发区挥毫题词："开发区大有希望"。邓小平同志的一句话和一幅题词，平息了社会上的所有杂音，天津那些立志改革开放的建设者，闻之无不欢欣鼓舞。

## 中国经济技术开发区二十周年

邮票志号　2004-9
发行日期　2004.5.4

1986年8月21日，中国改革开放的总设计师邓小平到天津经济技术开发区视察，并欣然题词"开发区大有希望"。

# 科学技术是第一生产力

随着城乡经济体制改革的进展，1985年3月，中共中央作出关于进行科学技术体制改革的决定。全面改革的开展进一步激发了广大科技工作者的积极性。1986年3月，王大珩、王淦昌等科学家向党中央提出跟踪世界先进水平、发展高技术的建议。邓小平等领导人很快作出批示。11月，中共中央、国务院决定实施发展高技术的"863计划"，我国的科技事业得到极大推动。

1988年9月5日，邓小平同志在与捷克斯洛伐克总统胡萨克会面时提出了"科学技术是第一生产力"的重要论断。10月16日，中国第一座高能加速器——北京正负电子对撞机首次对撞成功。

**北京正负电子对撞机**

邮票志号　T.145
发行日期　1989.11.1

北京正负电子对撞机是我国高科技领域继原子弹、氢弹、人造卫星之后所取得的又一成果。

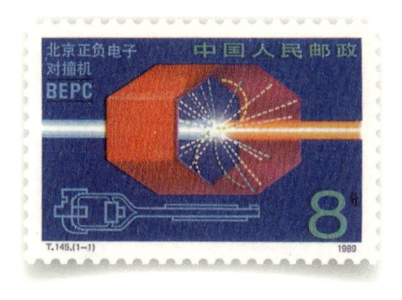

# 航天

邮票志号　T.108
发行日期　1986.2.1

(6-1)"乐声环宇"：东方红一号卫星　(6-2)"天外归来"：回收卫星　(6-3)"雷震海天"：潜射火箭

(6-4)"腾飞万里"：飞向静止轨道　(6-5)"天地同音"：地面接收站　(6-6)"玉宇明灯"：同步通信卫星

# 教育要面向现代化，面向世界，面向未来

　　教育事业也在改革中得到全面发展。根据邓小平1983年10月提出的"教育要面向现代化，面向世界，面向未来"的指示，教育改革主要是扩大学校的办学自主权，调整教育结构，优化改革教育的内容和方法，努力多出人才，出好人才。为此，我国教育经费逐年提高，占国家财政支出的比重由1978年的6.79%上升到1986年的12.12%。全国开始有计划地普及九年制义务教育，在青少年中基本扫除文盲，各种形式的成人教育也得到很大发展，适应现代化建设需要的各类人才不断涌现出来。

## 教师节

邮票志号　J.131
发行日期　1986.9.10

1985年1月21日，第六届全国人大常委会第九次会议正式通过国务院关于设立"教师节"的议案，决定把每年的9月10日定为教师节，旨在形成尊师重教、尊重知识、尊重人才的良好社会氛围。

## 国际扫盲年

邮票志号　J.171
发行日期　1990.9.8

1987年5月24日至28日，联合国教科文组织在蒙古首都乌兰巴托召开"国际扫盲年"筹备会议，建议确定并宣布1990年为"国际扫盲年"。扫盲运动对我国的社会主义建设事业至关重要，我国政府大力支持"国际扫盲年"活动，采取措施，努力落实各项扫盲任务，实现联合国提出的扫盲目标，使中华民族的文化素质有所提高。邮票画面以"国际扫盲年"的年徽为主图，周围环绕着联合国规定通用的中文、俄文、英文、法文、西班牙文和阿拉伯文等6种文字的"扫盲"字样。

# 新宪法

　　为适应改革开放和社会主义现代化建设事业的发展，1982年12月，第五届全国人民代表大会第五次会议通过第四部宪法，重新阐明了中华人民共和国的政治制度、经济制度、公民的权利和义务、国家机构的设置和职责范围、今后国家的根本任务等。新宪法是以四项基本原则为总的指导思想，科学地总结了我国社会主义发展的历史经验，继承并发展了第一部宪法，反映了全国各族人民的共同意志和根本利益，是中华人民共和国成立以来最完善的一部宪法。

## 中华人民共和国宪法

邮票志号　1992-20
发行日期　1992.12.4

邮票是为纪念第四部宪法颁布10周年而发行的。画面以飞舞的双凤烘托出正中的《宪法》一书，表明了宪法的突出地位，而凤凰则是我国古代神话中的吉祥之鸟。这种和平幸福、国泰民安的生活景象，正是基于根本大法的保护才得以实现。

# 民族区域自治

我党历来主张各民族一律平等的原则，并根据国情将民族区域自治作为解决我国民族问题的基本政治制度，早在1941年，《陕甘宁边区纲领》中就有"建立蒙回民族自治区"的规定，1947年5月1日我党领导建立了内蒙古自治区。中华人民共和国成立后，更是将民族区域自治制度载入先后颁布的四部宪法之中。1984年5月，第六届全国人民代表大会常务委员会第二次会议通过了《中华人民共和国民族区域自治法》。这标志着我国民族区域自治制度进入一个新的发展阶段。

## 宁夏回族自治区成立二十周年

邮票志号　　J.29
发行日期　　1978.10.25

1958年10月25日，宁夏回族自治区成立。(3-1) 建设新宁夏，描绘了以回族为主的宁夏人民建设宁夏、保卫宁夏、为宁夏献身的姿容。随着工农业生产的发展，宁夏人民的物质文化生活得到了迅速改善。(3-2) 煤都新貌，描绘了1976年5月27日建成的贺兰山煤炭基地的新面貌，标志着全区工业战线的发达兴旺。(3-3) 塞北江南，画面以青铜峡水利枢纽工程为背景，描绘了宁夏灌区的碧绿畦田，代表了全区农业战线蓬勃发展的新面貌。

(3-1) 建设新宁夏 　　　　(3-2) 煤都新貌 　　　　(3-3) 塞北江南

## 广西壮族自治区成立二十周年

邮票志号　J.33
发行日期　1978.12.11

(3-1) 欢庆

(3-2) 工业 　　　(3-3) 农业

1958年12月11日，广西壮族自治区成立。（3-1）欢庆，画面描绘了广西壮、汉、苗、瑶、侗等各族人民载歌载舞的欢庆场面。背景是坐落在南宁市人民公园望仙坡上的"毛主席接见广西各族人民纪念馆"和毛泽东畅游邕江的"冬泳亭"。（3-2）工业，画面近景是具有广西特色的木棉树花，远景配以柳州钢铁厂的厂房缩影，用来表现广西工业飞跃发展的面貌。（3-3）农业，画面以桂林漓江两岸的田园风光为主，背景为书僮山、杨堤山山光水色，如诗如画，表现了广西农业发展的独特风采。

## 西藏自治区成立二十周年

邮票志号　J.116
发行日期　1985.9.1

（3-1）兴旺

（3-2）欢庆 　　　　　　　　　（3-3）丰收

1965年9月9日，西藏自治区成立。20多年来，西藏人民在党的领导下，充分发挥了建设家乡的积极性，生活水平普遍得到提高，西藏经济得到发展，市场得到繁荣，西藏的面貌发生了巨大变化。

## 新疆维吾尔自治区成立三十周年

邮票志号　J.119
发行日期　1985.10.1

（3-1）戈壁绿洲

（3-2）油田、天池

（3-3）天山牧场

1955年10月1日，新疆维吾尔自治区成立。30年来，在党和国家的关怀下，经过全国各地的大力支援以及新疆人民的不懈努力，使这个地区的面貌发生了巨大变化。（3-1）戈壁绿洲，经过几十年的植树造林，防风治沙，不仅使沙漠的边缘变为水草丰茂、农产富饶的绿洲，而且使大沙漠上也出现了"天山南北绿油油，戈壁变成粮棉洲"的景象，令人世世代代望而却步的大戈壁充满了生机和活力。（3-2）油田、天池，画面左侧为克拉玛依石油矿区，在红日的映照下显出勃勃生机；右侧为积雪的新疆博格达山半山腰的天池，在晚霞的余晖里，显得格外宁静和秀丽。（3-3）天山牧场，林木葱茏，涧水潺湲，芳草如茵，放牧着伊犁马、细毛羊等驰名中外的优良种畜，具有新疆草原特有的风光。画面以天山南北好牧场为背景，描绘出一位手持果盘前去迎接客人的哈萨克族姑娘。

## 内蒙古自治区成立五十周年

邮票志号　1997-6
发行日期　1997.5.1

（3-1）欢庆

（3-2）团结

（3-3）奋进

1947年5月1日，内蒙古自治区成立，它是我国第一个成立的民族自治区。（3-1）欢庆，主图为蒙古族民间传统的团花图案造型，中央为内蒙古自治区成立大会的会址图形。画面见花不见人，以繁花似锦来表达人们欢乐的心声。（3-2）团结，主图为内蒙古各族人民群众像，表现了在党的民族政策指引下，内蒙古各行各业、各族人民团结一致，并肩携手共同奔向繁荣富强，展示了自治区人民的雄心壮志和精神风貌。（3-3）奋进，主图为一群骏马奔腾在太阳升起的绿色草原上，象征着内蒙古的各族人民继续以快速向前的步伐，去迎接内蒙古的美好前景，再创辉煌。

# 为把我军建设成为一支强大的现代化、正规化革命军队而奋斗

改革开放后，随着党和国家工作中心的转移和对国际形势的科学判断，中央军委提出了新时期军队建设总目标，即军队建设的指导思想从临战准备状态转到和平时期建设轨道上来。

（4-1）军魂 　　（4-2）陆军战士

**中国人民解放军建军六十周年**

邮票志号　J.140
发行日期　1987.8.1

（4-3）海军战士　　（4-4）空军战士

中国人民解放军已经走过了六十多年的光辉历程。党的十一届三中全会以来，人民解放军现代化、正规化建设进入了新的发展时期，结束了单靠步兵打仗的历史，已组建合成集团军，加强新的技术部队和后备力量建设，逐步形成一个适应现代化战争要求，具备整体打击威力的科学、合理的合成体系。

## 中国飞机

邮票志号　1996-9
发行日期　1996.4.17

(2-1) 歼八

(2-2) 强五

歼八高空高速全天候歼击机，由沈阳飞机制造公司生产；强五单座双发超音速攻击机，由南昌飞机制造公司生产。

## 国防建设——火箭腾飞

邮票志号　T.143
发行日期　1989.11.15

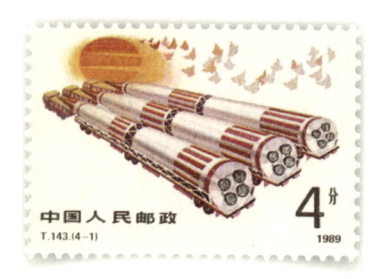

（4-1）开进

（4-2）检测

（4-3）发射

（4-4）飞行

# 极地科考

1984年，中国首次组队赴南极进行科学考察，并建立永久性考察基地——中国南极长城站。此后，中国科学家以极地科学考察船、长城站和后来建立的中山站、昆仑站为平台，对南极进行多学科综合考察和研究，并取得了重要的科研成果。

（3-1）南极冰山　　　　　（3-2）南极极光　　　　　（3-3）南极格罗夫山

## 南极风光

邮票志号　2002-15
发行日期　2002.7.15

中国从1984年11月开始第一次对南极洲和南大洋进行科学考察活动。1985年2月15日，中国在南极半岛附近的乔治王岛上建立了长城站，1985年10月7日，又正式成为《南极条约》协商国，1986年6月23日，中国加入了国际南极研究科学委员会，1989年4月10日，在南极大陆拉斯曼丘陵上建成了中山站。2002年7月15日至26日，第27届南极研究科学委员会大会和第14届国家南极局局长理事会在中国上海市召开。

# "一国两制"的构想

进入历史新时期后,完成祖国统一大业成为中国人民的迫切愿望。邓小平从尊重历史和现实的角度出发,以伟大政治家、战略家的远见卓识,提出了"一国两制"的创造性构想。

1979年元旦,全国人大常委会发表《告台湾同胞书》,表达了大陆人民对台湾同胞的思念之情,并建议两岸实行通航、通邮、通商,以便于双方同胞直接接触,进行交流。

## 台湾风光

邮票志号　T.42
发行日期　1979.10.20

（6-1）玉山

（6-2）日月潭

（6-3）赤嵌楼

（6-4）苏花沿海公路

（6-5）天祥大瀑布

（6-6）半屏山月夜

1978年，我国政府向台湾当局提出通邮、通航、通商的"三通"建议后，为促进海峡两岸人民的交往，《人民日报》自1978年开始，以"祖国宝岛——台湾"为刊头，陆续刊登有关台湾的消息和介绍台湾的风光。1979年元旦，全国人民代表大会常务委员会发表了《告台湾同胞书》。2月4日，《人民日报》在第六版上以整版篇幅，刊出10幅台湾风光彩色照片，引起了国内外的普遍关注。

按照"一国两制"构想，中国政府通过外交谈判终于成功地解决了香港回归问题。1984年12月，中英两国政府正式签署联合声明，宣布中华人民共和国政府将于1997年7月1日对香港恢复行使主权，设立直辖于中央人民政府的香港特别行政区。

中英关于香港问题的联合声明正式签署　　　　邮票志号　JP2
　　　　　　　　　　　　　　　　　　　　　　发行日期　1984.12.25

九龙外景

贰 | 忽如一夜春风来

同样本着"一国两制"原则，1987年4月，中国和葡萄牙两国政府签署了关于澳门问题的联合声明，宣布中华人民共和国将于1999年12月20日对澳门恢复行使主权。全国人大随后起草并通过澳门特别行政区基本法。

中葡关于澳门问题的联合声明正式签署　　　邮票志号　JP10
　　　　　　　　　　　　　　　　　　　　　发行日期　1987.4.17

妈祖阁

# 和平外交

邓小平把中国对外政策概括成独立自主外交，指出"中国的对外政策是独立自主的"，它是"真正的不结盟"，具体体现为"四不一全"：即不结盟、不孤立、不对抗，不针对第三国，全方位进行外交活动，其核心是不结盟。和平共处五项原则是指：互相尊重主权和领土完整，互不侵犯，互不干涉内政，平等互利，和平共处。根据"和平与发展是当今世界两大主题"的论断，我国积极调整对外关系，在国际事务中发挥着越来越重大的积极作用。中国在坚定维护国家独立和主权的同时，开展积极的双边和多边外交活动，广泛参与各种国际组织，增进对外交流与合作，改善和发展了同世界许多国家的关系。党中央还总结过去处理同外国政党关系方面的经验教训，提出不计较意识形态和社会制度的差异，按照和平共处五项原则，恢复和发展了同许多国家或地区的政党或组织的关系。

## 中日和平友好条约签订

邮票志号　J.34
发行日期　1978.10.22

1978年8月12日，《中日和平友好条约》在北京签字。这项条约的签订，是中日邦交正常化实现以来的一件大事，进一步加强和巩固了两国的友好关系，完全符合两国和两国人民的根本利益，也对缓和亚洲紧张局势和维护世界和平作出了贡献。

(2-1) 共同愿望

(2-2) 中日人民世代友好

## 中日青年友好联欢·1984

邮票志号　J.104
发行日期　1984.9.24

(3-1) 一衣带水好邻邦

(3-2) 共同培育友谊之树

(3-3) 载歌载舞欢庆友谊

1983年11月，中国政府邀请3000名日本青年来华访问，举行中日青年友好联欢。1984年9月24日，日本青年访华代表团分四路来到中国，分别到西安、武汉、南京、杭州、上海进行参观访问，并于国庆节期间在北京聚集，同首都各界青年举行友好联欢，共度中国国庆节，把友谊的种子播撒在中日两国青年的心中。

# 南方谈话

1992年年初，邓小平视察武昌、深圳、珠海、上海等地，并发表一系列重要讲话。讲话明确回答了什么是社会主义、怎样建设社会主义等长期困扰、束缚人们思想的许多重大认识问题。这次讲话标志着"邓小平理论"的成熟，也标志着中国改革开放第二次浪潮的掀起。

"不坚持社会主义，不改革开放，不发展经济，不改善人民生活，只能是死路一条。基本路线要管一百年，动摇不得。"

## 叁

### 人间正道是沧桑

　　迎接新世纪是一个极为难得的机遇，是对我们民族精神的弘扬与展示，是对美好未来的企盼与追求，是对民心的凝聚与迸发，是对百年国耻的洗雪与对先烈之灵的祭奠，更是对国际责任的承诺与奉献。

## 世纪交替 千年更始——迈入21世纪

邮票志号　2001-1
发行日期　2001.1.1

　　(5-1) 世纪交替 　　　　(5-2) 和平发展 　　　　(5-5) 中华复兴

　　(5-3) 保护自然 　　　　　　　　　(5-4) 科技之光

本套邮票充分表现了在世纪之交的历史时刻，我国欣欣向荣的新气象以及全国人民奋勇前进，跨入21世纪的豪迈气概，让世界了解中国。

# 国企改革

国企改革是我国抓住机遇加快发展，建设社会主义市场经济体制的必要措施。为建立社会主义市场经济体制，各企业将企业改革与改组、改造、加强管理结合进行。到2000年，大多数大中型国有骨干企业初步建立现代企业制度。企业通过实施股份制等形式，调整国有经济布局，组建了一批大型公司和企业集团。

## 社会主义建设成就（第三组）

邮票志号　T.152
发行日期　1990.6.30

(4-1) 第二汽车制造厂

(4-2) 仪征化纤工业联合公司

(4-3) 胜利油田

(4-4) 秦山核电站

（4-1）为"第二汽车制造厂"，位于湖北省十堰市，二汽的建成投产标志着我国汽车工业无论是在数量、质量、品种，还是在生产技术、经营管理水平上，都已经发展到一个新阶段。

（4-2）为"仪征化纤工业联合公司"，位于江苏省仪征市。该公司是中国最大的化纤原料生产基地。

（4-3）为"胜利油田"，它是我国东部重要的石油工业基地，是全国第二大油田，地处渤海之滨的黄河三角洲地带。

（4-4）为"秦山核电站"，位于浙江省海盐县。是中国自行设计建造的第一座压水堆型核电站，它的建成投产结束了我国无核电的历史。1991年12月15日，秦山核电站首次并网发电成功。

# 社会主义建设成就（第四组）

**邮票志号**　T.165
**发行日期**　1991.9.20

(4-1) 洛阳玻璃厂

(4-2) 乌鲁木齐石化总厂大化肥工程

(4-3) 沈大高速公路

(4-4) 西昌卫星发射中心

(4-1) 为"洛阳玻璃厂"，位于河南省洛阳市，是大型的综合性玻璃生产厂。1971年，该厂建成中国第一条浮法玻璃生产线。"洛阳浮法"新工艺，为世界"三大浮法技术"之一。1987年，该厂成为我国唯一拥有三条浮法线的厂家。

(4-2) 为"乌鲁木齐石化总厂大化肥工程"，是中国引进成套外国设备建成的第15座大化肥厂。1985年7月投产后，一举扭转了新疆化肥紧缺的局面，为自治区农业连续几年的丰收发挥了重要作用。

(4-3) 为"沈大高速公路"，1984年6月开工，1990年8月全线通车，是中国大陆第一条高速公路。经沿公路的沈阳、抚顺、本溪、辽阳、鞍山、营口、盘锦、大连等8个工业城市，形成新的经济圈。

(4-4) 为"西昌卫星发射中心"，位于四川彝族自治州境内。1984年首次发射卫星。1990年7月16日，中国新研制的"长征二号E"捆绑式火箭从这里发射成功。

# 建设成就

改革开放以来，中国国民经济保持了持续、快速、健康的发展状态。党中央决定实施扩大内需的方针，适时采取积极的财政政策和稳健的货币政策，以克服亚洲金融危机和世界经济波动对中国经济发展的不利影响，保持经济较快增长。同时中国建设了一大批水利、交通、通信、能源和环保等基础设施工程。

## 1996年中国钢产量突破一亿吨

邮票志号　1997-22
发行日期　1997.11.25

改革开放以来，尤其在党的十四大之后，我国钢铁工业实现了历史性跨越，1996年钢产量达到一亿零一百二十四万吨，首次突破一亿吨，居世界首位，使我国成为世界第一产钢大国，举国振奋，世人瞩目。这是我国综合国力空前强盛的鲜明标志，是中国人民艰苦奋斗的结果，是改革开放的丰硕成果，也是我国钢铁工业及国民经济发展进程中的一个新的重要里程碑。

（2-1）中国古代冶金

（2-2）1996年中国钢产量突破一亿吨

(4-1) 红旗轿车

(4-2) 东风中型载货汽车

(4-3) 解放轻型载货汽车

(4-4) 北京轻型越野汽车

# 中国汽车

邮票志号　1996-16
发行日期　1996.7.15

1956年7月15日第一辆解放牌载货汽车问世，结束了中国人不能制造汽车的历史。中国汽车工业历经40年，走过了开创期和发展期，依靠自己的力量开发生产了以红旗轿车、东风载货汽车、北京轻型越野汽车和吸收国外先进技术、自主开发的解放牌轻型载货汽车等为代表的中国汽车。

(4-1)为"红旗轿车"。长度近6米的3排8座红旗轿车，装有5.65升V型8缸发动机，功率220马力，最高时速160千米。背景为绛红色，重点体现它造型的饱满、华贵及庄重、大方的民族风格和气派，并夸张突出了车体上的"红旗"标志。

(4-2)为"东风中型载货汽车"。东风EQ140—1型载货汽车。背景为田园的绿色，与车体融为一体，营造出生机勃勃的意境，以显示它独有的功用和性能。

(4-3)为"解放轻型载货汽车"。解放CA1040L客货两用轻型车，双排座，载重量为1.5吨，最高时速100千米。画面选择白色车体，利用车体本身和画面背景淡紫色的反差对比，突出表现了这种车的轻便灵活、平稳快捷的特色。

(4-4)为"北京轻型越野汽车"。北京BJ212轻型越野车，四门，两排横座。背景为金黄色，加上其风动的效果，突出了此车的军事意义和作用。

# 铁路建设

邮票志号　1996-22
发行日期　1996.9.1

铁路是国民经济的大动脉，社会发展的基础设施。改革开放以来，铁路建设坚持"科技兴路"的方针，取得了显著成就，许多运输指标及技术设备达到国际先进水平，为国民经济持续、快速、健康发展作出了积极贡献。

(4-1)为"大秦铁路"。大秦铁路以山西大同为起点，途经山西、河北、北京、天津4省市，终点为秦皇岛。它是我国第一条开行重载单元列车的铁路；第一条复线电气化一次建成的铁路；第一条全线采用光纤数字通信的铁路；第一条采用国内研制的微机化调度集中系统的铁路。

(4-2)为"兰新铁路复线"。兰新铁路复线东起甘肃武威南，西至新疆乌鲁木齐西，1995年6月30日开通运营。这条铁路复线经张掖、嘉峪关，过玉门、柳园，沿尾亚、哈密，穿鄯善、吐鲁番，直至乌西，成为西北地区沟通内地的主要通道和亚欧大陆桥的重要组成部分。

(4-3)为"京九铁路"。京九铁路是国家重要工程建设项目。这条铁路以北京西站为起点，经由京、津、冀、鲁、豫、皖、鄂、赣、粤9省市，到达深圳，与香港九龙相连。1996年9月1日全线通车。这是我国铁路建设史上规模最大，一次建成里程最长的铁路干线。

(4-4)为"北京西站"。北京西站坐落在昔日金中都遗址的莲花池畔。西站工程包括主站区、铁路专业工程、市政配套工程和邮件处理中心等4大部分。

(4-1) 大秦铁路

(4-2) 兰新铁路复线

(4-3) 京九铁路

(4-4) 北京西站

# 北京立交桥

**邮票志号**　1995-10
**发行日期**　1995.6.20

(4-1) 四元桥

(4-2) 天宁寺桥

(4-3) 玉蜓桥

(4-4) 安慧桥

城市立交桥是现代化都市繁荣发达的重要标志。党的十一届三中全会以来，北京市现代化立交桥建设成就显著。北京市从1987年8月1日起，先后进行了东厢、西厢、南厢、南三环、东三环、西北二环、西北三环道路的改造工程，到1994年9月25日止，北京市的立交桥从14座增加到120多座，占全国城市立交桥总数的70%。

(4-1)为"四元桥"。四元桥位于首都机场高速公路的西南端起点、京顺路与四环路交叉处，与东四环路、北四环路相连，于1992年8月开工，1993年9月建成。它采用了大跨度的圆柱形桥墩，是一座全互通式四层特大型立交桥。

(4-2)为"天宁寺桥"。天宁寺桥位于北京南外二环路的西部，于1990年10月开工，1991年11月建成。采用独柱式桥墩，是一座四层定向苜蓿叶形互通式立交桥，其特点是道路线条流畅，舒展明快，桥下的护城河流水潺潺，桥畔的天宁寺塔巍巍矗立，别具风格，构成一幅生动自然的都市建筑风情画。

(4-3)为"玉蜓桥"。玉蜓桥位于南二环路与东浦路交叉处，于1987年11月开工，1988年12月建成。它的桥墩采用了Y字形结构，为一座三层互通式蜻蜓形桥。其最大特点是对称性强，主桥为身，辅桥为翅，俯视时犹如一只展翅欲飞的蜻蜓，故以此命名。

(4-4)为"安慧桥"。安慧桥位于北四环路与安立路相交处，于1987年9月开工，1988年11月建成。采用了横向排列的H形桥墩，为三层菱形苜蓿叶形互通式立交桥。

## 中国电信

邮票志号　1997-24
发行日期　1997.12.10

(4-1) 数字传输 　　(4-2) 程控交换 　　(4-3) 数据通信 　　(4-4) 移动通信

改革开放以来，国家公用电信网的综合通信能力明显增强，规模容量、技术层次显著提高，在国民经济信息化建设中发挥了重要作用。

(4-1)为"数字传输"。数字传输是将所需传送的信号，先变换为一系列的数字脉冲，然后再加以传送。在接收端收到这些数字脉冲后，再把它还原成原来的信号。画面是以几行富有动感的二进制数"0"和"1"组成的数据流，形象地表达出了"数据传输"的内涵；并以集成电路装点"大地"，表现出了集成电路、大规模集成电路是实现数字化基础的这一事实。

(4-2)为"程控交换"。程控交换是电话交换技术与计算机技术相融合的产物，它的出现不仅进一步加快了电话的接续速度，提高了通话质量，而且还为用户带来了许多新的服务功能。画面以大地为背景，运用写实手法表现了程控机房、话机按键以及微机操作台等富有程控化特色的典型事物。

(4-3)为"数据通信"。数据通信是利用通信设备传送、高速处理、存储和加工数据信息的一种通信业务。画面抓住了"通信与计算机融合"这一数据通信的主要特征，以一条五彩斑斓的彩虹代表数据通信，装点着信息时代的万里晴空，不仅反映了数据通信业务的多样性，也赋予了这项通信业务以崭新的生命。

(4-4)为"移动通信"。移动通信作为一种灵活、机动而又十分方便的通信方式，在我国发展很快。画面右边为移动通信的"基站"，它是该通信系统的重要组成部分和标志，并以手持移动电话机和BP机为主图，既表现了这种通信方式的主要设备，也寓意"移动通信就在我们身边"。

# 西部大开发

1999年6月，国家领导人在西北五省区国有企业改革和发展座谈会上指出要不失时机地实施西部大开发，促进东西部地区协调发展，加强民族团结，保持社会稳定和边防巩固，这是全国发展的大战略、大思路。

实施西部大开发战略后，一批能源、交通重点工程相继开工。西部少数民族地区丰富的自然与人文资源，吸引着大批中外游客，旅游业逐步成为西部地区重要的经济支柱产业之一。

## 重庆风貌

邮票志号　1998-14
发行日期　1998.6.18

(2-1) 重庆市人民大礼堂

(2-2) 重庆港

重庆历史悠久，人杰地灵，是著名的历史文化名城。1997年3月14日，八届全国人大五次会议通过《关于批准设立重庆直辖市的决定》。6月18日，重庆直辖市挂牌揭幕大会在重庆市人民大礼堂隆重举行。承东启西的地缘优势，雄厚的工业基础和科技实力，丰富的资源和巨大的市场潜力，峡江山城的壮丽景色和耿直豪爽的巴渝民风构成了重庆的独特魅力。

(2-1)为"重庆市人民大礼堂"。这是一座仿古民族建筑群，也是重庆独具特色的标志建筑物之一。位于渝中区人民路学田湾，于1951年6月破土兴建，1954年4月竣工，1956年更名为重庆市人民大礼堂。建筑气势雄伟，金碧辉煌，是中国传统宫殿建筑风格与西方建筑大跨度结构巧妙结合的杰作，以其非凡的建筑艺术蜚声中外，被评为"亚洲二十世纪十大经典建筑"。重庆市人民大礼堂饱含了深厚悠远的中华文明，代表着重庆人民建设美好未来的坚定决心，是重庆人民艰苦奋斗创造奇迹的象征，在重庆市的政治、经济和文化等方面发挥着重要作用。

(2-2)为"重庆港"。地处我国中西接合部，水路可直达长江八省二市，陆路与成渝、襄渝、渝黔、渝怀铁路和成渝、渝黔、重庆至武汉、重庆至长沙等高速公路相连，是长江上游最大的内河主枢纽港，现为全国内河主要港口。

# 上海浦东

随着对外开放步伐的加快，我国逐渐形成了多层次、宽领域、全方位的对外开放格局。1990年，中共中央、国务院决定，要加快上海浦东地区的建设，在浦东地区实行经济技术开发区和某些经济特区的政策。浦东如今站立在时代潮头，回顾28年来浦东新区的建设成就和巨大变化，世人无不为之惊叹。

## 上海浦东

邮票志号　1996-26
发行日期　1996.9.21

上海浦东新区位于黄浦江以东，地处中国黄金海岸线中点和长江黄金水道出海口的交汇处，与上海市中心隔江相望，面积为522平方千米。自1990年4月18日中国政府向世界宣布开发开放浦东，把上海建成国际航运中心，国际经济、金融、贸易中心之一的宏伟规划以来，浦东以其优越的地理位置，众多的人才优势和坚实的综合经济实力，为海内外投资者提供了施展才华的舞台。

（6-1）上海浦东的通信与交通

（6-2）上海浦东陆家嘴金融贸易区

（6-3）上海浦东金桥出口加工区

（6-4）上海浦东张江高科技园区

（6-5）上海浦东外高桥保税区

（6-6）上海浦东的生活社区

(6-1)为"上海浦东的通信与交通"。画面以罗山路立交桥为主图,以特快专递邮车为前景,以新区邮政局为背景,衬以大哥大网络、卫星接收器等,一片繁忙的邮、运景象,反映了新区通信与交通的兴旺。新区邮电通信采用现代化高新技术,为浦东开发的开放提供快捷一流的服务。

(6-2)为"上海浦东陆家嘴金融贸易区"。画面以中国人民银行上海分行所在的银都商厦和证券大楼为主图,背景则为中国银行、交通银行、工商银行、农业银行、浦东发展银行、招商银行、上海投资信托银行、上海证券交易所等在这里投资建筑的金融楼群。这里云集数百家国内外金融机构、商贸机构以及众多跨国公司的总部或分部,逐步形成了金融、商贸、物流配套和信息四大中心,与浦西外滩共同构成上海最富活力的中央商务区。

(6-3)为"上海浦东金桥出口加工区"。画面以金桥出口加工区管理中心为主图,背景为加工区的现代化工业群楼。金桥出口加工区主要发展出口加工业和第三产业,是集出口加工、贸易经营、商业服务和生活居住等功能于一体的综合性开发区域。

(6-4)为"上海浦东张江高科技园区"。画面以高科技园区管理中心大楼为主图,背景衬以光线电缆、电子技术和生物工程等,展示了园区的发展前景。张江高科技园区是中国高科技的又一新生区域,逐步建成上海乃至全国一流的集产业、科研、居住功能于一体的综合性现代化高科技城区。

(6-5)为"上海浦东外高桥保税区"。画面以外高桥海关大门为主图,背景衬以外高桥港区。外高桥保税区是我国开放层次最高、开放度最大、直接与国际接轨的经济实验区,是中国大陆第一个最大的国际自由贸易区。

(6-6)为"上海浦东的生活社区"。画面以远处的高级别墅和高层商品房为衬托,突出展示了金杨新村的花园式景色。在浦东开发的进程中,为了提高人民的生活水平,兴建了一批生活环境一流、商贸服务发达、社会服务功能齐全的生活社区。

小型张为"开发开放中的上海浦东"。画面为从浦西外滩眺望浦东新区的景色。场景宽阔,一派生气。图中包括南浦大桥、杨浦大桥、东方明珠电视塔、黄浦江及建设中的陆家嘴金融贸易区。其中在画面中心,高高耸立在黄浦江畔的东方明珠广播电视塔,高达468米,为世界第三高塔。

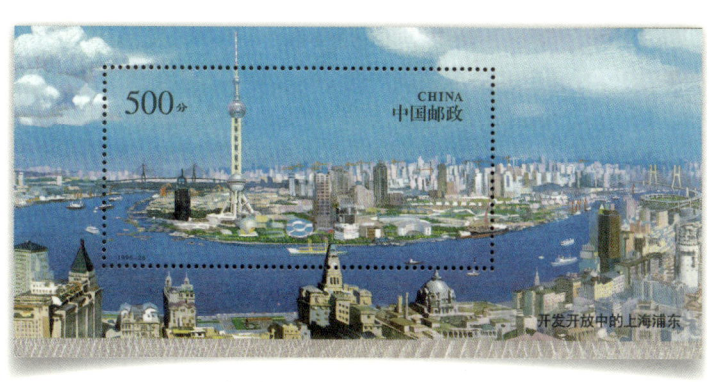

开发开放中的上海浦东(小型张)

# 加入世贸组织

　　为了适应经济全球化和科技发展的趋势，促进外向型经济的发展，我国以加入世贸组织为契机，积极推进"引进来"与"走出去"相结合的对外开放战略，参与到国际经济技术合作与竞争之中。

## 中国加入世界贸易组织

邮票志号　特3-2001
发行日期　2001.12.11

　　2001年12月11日，中国正式成为世贸组织成员，为纪念这一具有历史意义的日子，国家邮政局发行了《中国加入世界贸易组织》邮票。邮票采用华表、世界贸易组织标志和我国改革开放的窗口——中国国际贸易中心大厦作为画面内容，象征着一个历史悠久的国家与世界经济大家庭的融合，也显示了中国加入世界贸易组织是中国20多年来坚持改革开放、发展经济，不断提高综合国力的辉煌成果。

叁｜人间正道是沧桑

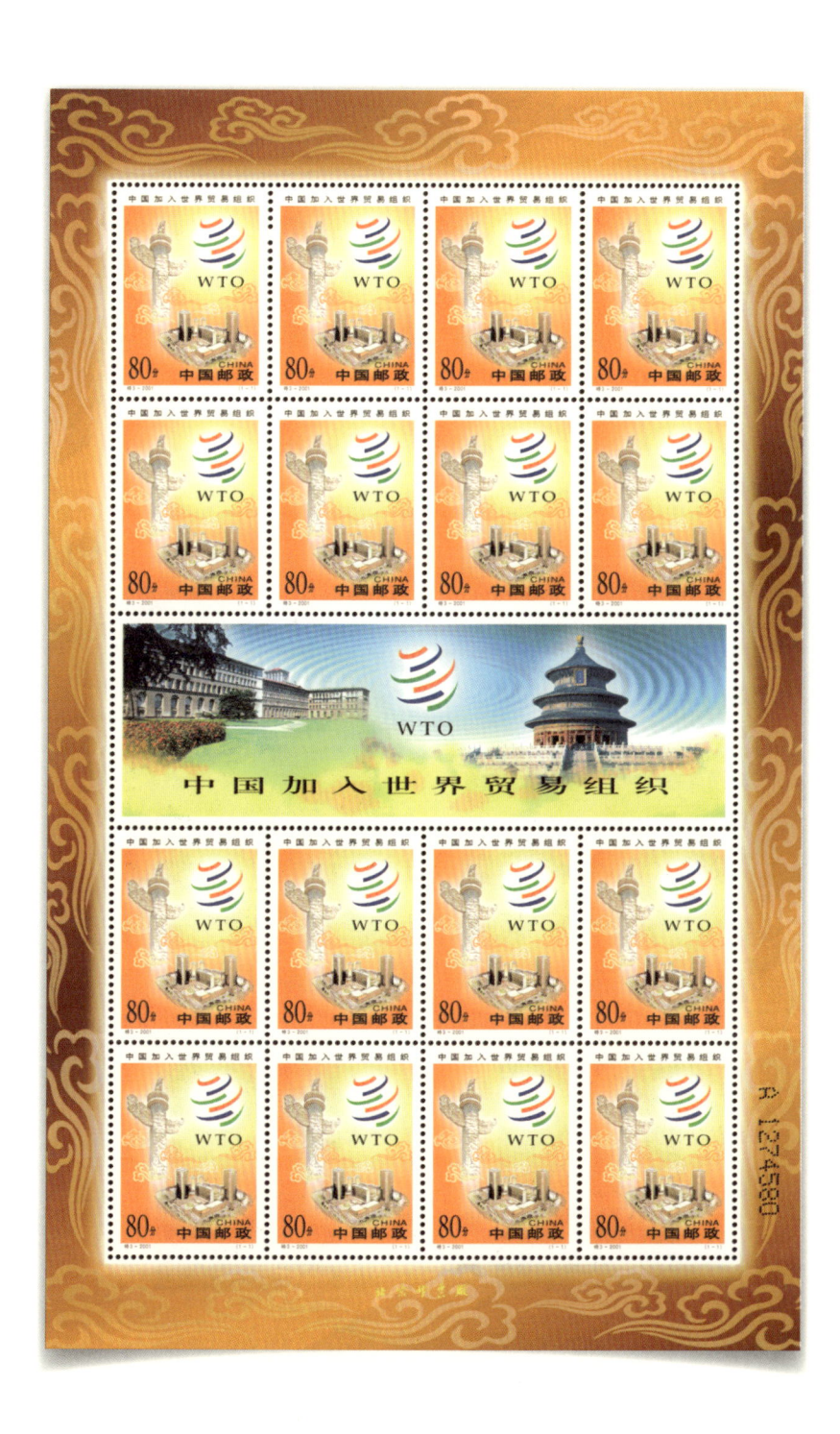

# 科教兴国

实施科教兴国战略，迎接新科技革命挑战。

创新是一个民族进步的灵魂，是一个国家兴旺发达的不竭动力。

科技成果

邮票志号　1999-16
发行日期　1999.11.1

(4-1) 寒武纪早期澄江生物群

(4-2) 6000米水下机器人

(4-3) 哥德巴赫猜想的最佳结果

(4-4) 2.16米天文望远镜

1999年11月1日，为祝贺中国科学院建院50周年，国家邮政局发行了《科技成果》特种邮票。

(4-1)为"寒武纪早期澄江生物群"。画面为生物群中的奇虾化石。

1984年7月中科院南京地质古生物研究所的侯先光先生在云南省澄江县帽天山发现了这一化石群。经过10多年的挖掘整理，现在已认定包括节肢、腔肠、海绵、腕足、蠕行等20多个门类的80多种动物化石，几乎现存的所有动物都可以从中找到它们的祖先类型，其门类之丰富、保存之完整，在世界上是独一无二的。澄江生物群的发现，在国际上引起了强烈反响，被誉为20世纪最重要的科学发现之一。

(4-2)为"6000米水下机器人"。画面展现了机器人潜入海底世界工作时的场景。

6000米水下机器人是由中国科学院沈阳自动化所研制的，包括载体系统、控制系统、水声系统和收放系统四大部分。它是我国自行研制成功的高科技项目，涉及自动化、计算机、材料、能源等多个领域。它的投入使用，使我国跻身世界深海机器人先进国家行列，为我国在21世纪继续向深海领域进军，提供了强有力的技术支撑。

(4-3)为"哥德巴赫猜想的最佳结果"。画面为在陈景润的侧面头像剪影中，浮现出哥德巴赫猜想的证明公式。

我国现代著名数学家陈景润，于1966年证明了"每个大偶数都是一个素数及一个不超过两个素数的乘积之和"，使他在哥德巴赫猜想的研究上居于世界领先地位，这一结果被国际上誉为"陈氏定理"，为祖国争得了荣誉。陈景润逝世后，他证明哥德巴赫猜想的手稿被亲属无偿捐献给国家。

(4-4)为"2.16米天文望远镜"。画面为在地球映衬下的庞大天文仪器，置于浩淼的天宇中。

"2.16米天文望远镜"由中国科学院南京天文仪器厂研制生产，安装在中科院北京天文台兴隆观测站，主要从事恒星的形成与演变、密近双星和爆发星变的观测与研究。它具有创新的光学和机械设计，转动部分重达90吨，但只需3瓦驱动功率即可实现对天体的精确跟踪。这台仪器已成为我国的恒星物理、星系物理和宇宙学研究的重要实验设备，在天文观测与研究中发挥着巨大作用。

# 三峡水利枢纽

　　长江三峡水利枢纽工程采用多种自主创新技术建设，具有防洪、发电、航运、供水等巨大的经济效益和社会效益，被誉为世界上最宏伟的水利水电工程之一。三峡工程的成功建造体现了我国自主创新能力迅速增强，同时对加快我国现代化建设进程，具有重要意义。

**长江三峡**

邮票志号　1994-18
发行日期　1994.11.4

(6-1) 白帝城

(6-2) 瞿塘峡

(6-3) 巫峡

(6-4) 神女峰

(6-5) 西陵峡　　　　　　　　　　　　　　(6-6) 屈原祠

长江三峡（小型张）

长江在川鄂交界处，被莽莽群山挡住去路，于是滚滚巨流劈开了崇山峻岭而一泻千里，冲出了一条曲折幽深的峭壁长廊，这就是举世闻名的长江三峡。

长江三峡，西起白帝城，东到南津关，由雄伟险峻著称的瞿塘峡，幽深秀丽驰名的巫峡，滩多水急的西陵峡组成。三峡峡谷陡峭，峰奇峦秀，雾气腾空，千姿百态。历史典故、神话传说与自然景观交融，举世闻名，令人叹为观止。

## 长江三峡工程·截流

邮票志号　1997-23
发行日期　1997.11.8

(2-1) 明渠通航

(2-2) 大江截流

三峡工程是世界上工程量最大、施工强度最大、施工期流量最大的水利工程，其关键是大江截流。1997年11月8日，大江截流一举成功，宣告了首期工程的胜利结束。

## 长江三峡工程·发电

邮票志号　2003-21
发行日期　2003.8.20

（3-1）水库蓄水

（3-2）船闸通航

（3-3）电站发电

历经十年建设，三峡工程实现了左岸大坝下闸蓄水、双线五级船闸试通航和首批机组发电并网的二期工程目标。这是三峡工程建设的一个重要里程碑。

# 水利工程

1998年的特大洪水，引起了党、政府和全国人民对水利工程的高度重视。1998年10月召开的党的十五届三中全会，把兴修水利摆在全党工作的突出位置，提出了水利建设的方针和任务。洪水过后，党中央、国务院下发了关于灾后重建、整治江湖、兴修水利的若干意见，对水利工作提出了明确的任务，并加大了国家对水利建设的投入。随后，水利部门对我国防洪建设进行了全面总结，并针对新形势下我国的防洪工作提出了重要意见。

## 黄河水利水电工程

邮票志号　2002-12
发行日期　2002.6.8

(4-1) 李家峡水电站

(4-2) 刘家峡水电站

(4-3) 青铜峡水利枢纽

(4-4) 三门峡水利枢纽

叁 | 人间正道是沧桑

小浪底水利枢纽（小型张）

黄河是中华文明的摇篮，历史上洪水灾害频繁。中华人民共和国成立以来，黄河的治理开发取得了巨大成就，从龙羊峡到小浪底的干流河道上已建成和即将建成的大中型水电站、水利枢纽共14座。黄河流域的防洪减灾和水电资源的开发利用，促进了流域社会、经济的蓬勃发展，使古老的黄河焕发了青春。

# 引大入秦工程

邮票志号　2001-16
发行日期　2001.8.26

(4-1) 渠首引水枢纽

(4-2) 先明峡倒虹吸

甘肃省永登县秦王川地区总面积1000多平方千米，长年干旱少雨。为了解决这一地区干旱缺水问题，彻底改变秦王川地区农业和农村经济落后面貌，甘肃省水利部门勘测设计并建造了将发源于祁连山脉的大通河水调入100千米以外的秦王川地区的大型水利工程，简称"引大入秦工程"。这是目前中国规模最大的跨流域灌溉工程，被称为"中国的地下运河"和"西北都江堰"。2001年8月26日，为庆贺引大入秦工程全面建成，国家邮政局发行了《引大入秦工程》特种邮票。引大入秦工程在许多方面达到了中国乃至世界水利建设的先进水平，是自力更生与改革开放结合的典范，是中外合作的结晶。

(4-3) 总干渠隧洞

(4-4) 庄浪河渡槽

## 二滩水电站

邮票志号　2001-17M

发行日期　2001.10.20

二滩水电站位于四川省西南部攀枝花市境内的雅砻江下游，是雅砻江干流规划建设的21座梯级电站中的第一座。工程以发电为主，兼有其他综合利用效益，是我国第一个全面实行国际竞争性招标和业主负责制、按国际咨询工程联合会合同条款进行建设的水电工程。于1991年9月开工建设，1998年7月第一台机组发电，2000年全面完工，是我国20世纪末建成投产的最大水电站。二滩电站水利工程的成功，创造了我国和世界多个第一，标志着我国水电建设水平迈上了一个新台阶，川渝两地因此告别了多年的电力紧张局面，为两地21世纪的经济发展奠定了基础。

## 南水北调工程开工纪念

邮票志号　2003-22M

发行日期　2003.9.26

南水北调工程是缓解我国北方水资源短缺局面的重大战略性基础设施，关系到我国经济社会的可持续发展和子孙后代的长远利益。经过几十年的勘测、规划、设计、研究和论证，南水北调工程总体规划确定分别从长江的下游、中游和上游引水，建设东线、中线、西线三条调水路线，与长江、黄河、淮河、海河四大江河相连，形成"三横四纵"的总体格局，以实现中国水资源的南北调配，东西互济。

# 建设一流大学

党的十五大提出，必须大力提高全民族的思想道德水平和科学文化素质。这项重大决策，为经济发展和社会进步提供了强大的精神动力。随后中央提出，要重点建设100所高等学校（"211工程"），建设若干世界一流大学和一批一流学科（"985工程"）。2017年，中国共产党中央委员会、中华人民共和国国务院提出建设世界一流大学和一流学科（"双一流"）。习近平同志也在十九大报告中指出，要加快一流大学和一流学科建设。

## 北京大学建校一百年

邮票志号　1998-11
发行日期　1998.5.4

北京大学创办于1898年，初名京师大学堂，是中国第一所国立综合性大学。辛亥革命后改为现用名。作为新文化运动的中心和"五四"运动的策源地，北京大学为民族的振兴和解放、国家的建设和发展、社会的文明和进步做出了不可替代的贡献。中华人民共和国成立后，北京大学成为一所以文理基础教学和研究为主的综合性大学，为国家培养了大批人才。改革开放以来，北京大学进入了一个前所未有的大发展、大建设的新时期，启动"创建世界一流大学计划"，2000年4月3日，北京大学与原北京医科大学合并，组建了新的北京大学。近年来，北京大学在学科建设、人才培养、师资队伍建设、教学科研等方面都取得了显著成绩，为将北大建设成为世界一流大学奠定了坚实的基础。今天的北京大学已经成为国家培养高素质、创造性人才的摇篮，科学研究的前沿，知识创新的重要基地和国际交流的重要桥梁与窗口。

## 复旦大学建校一百周年

邮票志号　2005-11
发行日期　2005.5.27

复旦大学创建于1905年，原名复旦公学。"复旦"二字取自《尚书大传·虞夏传》中的名句"日月光华，旦复旦兮"，意在自强不息，寄托了当时中国知识分子自主办学、教育强国的愿望。复旦大学经历近百年的沿革，著名学者鲁迅、郭沫若、邹韬奋、老舍、竺可桢、马寅初等曾到校演讲和任教。20世纪80年代以后，通过国家教育部和上海市的共同建设，复旦大学逐步发展成为一所包含人文科学、社会科学、自然科学、技术科学以及管理科学在内的多科性研究型综合大学。2000年，与原上海医科大学合并成新的复旦大学。复旦师生谨记"博学而笃志，切问而近思"的校训，严守"文明、健康、团结、奋发"的校风，力行"刻苦、严谨、求实、创新"的学风，发扬"爱国奉献、学术独立、海纳百川、追求卓越"的复旦精神，以服务国家为己任，以培养人才为根本，以改革开放为动力，为实现中国梦作出新贡献。

## 同济大学建校一百周年

邮票志号　2007-13
发行日期　2007.5.20

同济大学创建于1907年，早期为德国医生在上海创建的德文医学堂，取名"同济"，意蕴合作共济。1923年改为大学，是享誉中外的高等学府。1978年以后，学校实行"两个转变"——由封闭办学向对外开放办学转变，由土建为主的工科大学向理工为主的多科性大学转变。1996年，上海城市建设学院和上海建筑材料工业学院并入该校。2000年，与上海铁道大学合并。2003年，上海航空工业学校划归同济大学管理。2004年，列为中管高校。同济大学发扬"同舟共济、自强不息"的精神，树立"严谨、求实、团结、创新"的校风，形成了鲜明的办学风格，培养了众多的优秀人才，为中华民族振兴和社会进步作出了贡献。"同心同德同舟楫，济人济事济天下"。今天的同济大学正满怀豪情，扎根中国大地，朝着建设中国特色世界一流大学的目标奋力前行。

## 中国科学技术大学建校五十周年

邮票志号　2008-23
发行日期　2008.9.20

中国科学技术大学是中国科学院所属的一所全国重点综合性大学，它以前沿科学和高新技术为主，兼有特色管理和人文学科。1958年9月创建于北京，首任校长由郭沫若担任。1970年年初，学校迁至安徽省合肥市。1978年以后，学校锐意改革、大胆创新，在全国率先提出并实施了具有创新精神和前瞻意识的教育改革措施，是唯一参与国家知识创新工程的大学。长期以来，学校始终坚持"全院办校，所系结合"的办学方针，弘扬"红专并进，理实交融"的校风，形成了不断开拓创新的优良传统，以及教学与科研相结合、理论与实践相结合的鲜明特色，培养了一大批德才兼备的高层次优秀人才。目前，全校上下正深化改革，锐意创新，深度融合科研机构，不断涌现创新人才和创新成果，力争把学校建设成为具有中国特色的世界一流大学，为实现"创寰宇学府，育天下英才"的宏伟目标而努力奋斗。

## 兰州大学建校一百周年

邮票志号　2009-21
发行日期　2009.9.17

兰州大学是教育部直属的全国重点综合性大学。创建于1909年，其前身是清末新政期间设立的甘肃法政学堂，开启了西北高等教育的先河。中华人民共和国成立后，兰州大学坚持党的教育方针，坚持正确的办学方向，不断发展壮大，被确定为全国14所综合性大学之一。改革开放以来，学校紧紧抓住国家实施"科教兴国""人才强国"战略的历史机遇，全面提高办学水平。2002年和2004年，原甘肃省草原生态研究所、兰州医学院先后并入兰州大学，使该校的学科更加齐全，综合优势更加突出，迎来了历史上的快速发展时期，并以办学历史长、办学实力强、办学成绩突出的优势，进入一流大学建设行列。

## 清华大学建校一百周年

邮票志号　2011-8
发行日期　2011.4.24

清华大学前身是始建于1911年的清华学堂，1928年更名为国立清华大学。1952年，清华大学成为一所多科性工业大学，重点为国家培养工程技术人才，被誉为"红色工程师的摇篮"。改革开放以来，清华大学逐步确立了建设世界一流大学的长远目标，进入了蓬勃发展的新时期。学校先后恢复和新建了理科、经济、管理和文科类学科，并成立了研究生院和继续教育学院。1999年，与中央工艺美术学院合并，成立清华大学美术学院。2012年，原中国人民银行研究生部并入清华大学，成为清华大学五道口金融学院。清华大学在人才培养、科学研究、社会服务、文化传承与创新、国际合作交流等方面都取得了显著进展，已成为一所拥有理学、工学、文学、艺术学、历史学、哲学、经济学、管理学、法学、教育学和医学等11个学科门类的综合性的研究型大学。面向未来，清华大学继续秉持"自强不息、厚德载物"的校训和"行胜于言"的校风，坚持"中西融汇、古今贯通、文理渗透"的办学风格和"又红又专、全面发展"的培养特色，深度参与创新驱动发展战略，努力走在创建世界一流大学的前列，为国家发展、人民幸福、人类文明进步作出新的更大的贡献。

## 南京大学建校一百一十周年

邮票志号　2012-10
发行日期　2012.5.20

南京大学肇始于1902年创办的三江师范学堂，其另一个重要源头是创建于1888年的汇文书院。一个多世纪以来，南京大学始终以推动民族振兴、国家发展和社会进步为使命，秉持"诚朴雄伟、励学敦行"的校训精神，在培养国家栋梁与社会中坚、发展科技事业、推进文化传承创新、推动中外高等教育和科学研究的合作与交流、促进中国社会全面健康持续发展等方面取得了卓越成就。当前，南京大学正朝着创建世界一流大学的奋斗目标踏实前行，努力为中华民族的伟大复兴和人类进步作出更大的贡献。

## 武汉大学建校一百二十周年

邮票志号　2013-31
发行日期　2013.11.29

武汉大学是国家教育部直属重点综合性大学，溯源于1893年清末湖广总督张之洞奏请清政府创办的自强学堂，1928年定名为国立武汉大学，是近代中国第一批国立大学，为民国四大名校之一。1946年，武汉大学恢复农学院，设有文、法、理、工、农、医6个学院。1999年，世界权威期刊《Science》杂志将武汉大学列为"中国最杰出的大学之一"，2000年武汉大学与武汉水利电力大学、武汉测绘科技大学、湖北医科大学合并组建新的武汉大学，校训为"自强、弘毅、求是、拓新"。武汉大学有东湖环绕，坐拥珞珈山，校园环境优美，风景如画，以樱花闻名，被誉为"中国最美丽的大学"。

## 天津大学建校一百二十周年

邮票志号　2015-26
发行日期　2015.10.2

天津大学的前身为北洋大学，始建于1895年10月2日，1900年颁发了中国第一张大学毕业文凭。天津大学自创建之初即以"兴学强国"为办学宗旨，形成了"实事求是"的校训、"严谨治学"的校风和"爱国奉献"的传统，为我国培养了一大批优秀人才。当前，天津大学正向综合性、研究型、开放式、国际化的世界一流大学建设目标不断奋进，努力为国民经济、社会发展和世界文明进步作出更大的贡献。

## 交通大学建校一百二十周年

邮票志号　2016-6
发行日期　2016.4.8

交通大学起源于1896年创办的南洋公学与山海关北洋铁路官学堂，时至今日已发展成为上海交通大学、西安交通大学、西南交通大学、北京交通大学和新竹交通大学5所交通大学。在120多年的成长历程中，交通大学以"兴学强国"为己任，在我国率先建成电信、土木、电机、机械、航海、铁路、管理等学科，为国家培养了大批优秀人才。

## 四川大学建校一百二十周年

邮票志号　2016-28
发行日期　2016.9.28

四川大学起始于1896年创办的四川中西学堂，由原四川大学、原成都科技大学、原华西医科大学3所全国重点大学于1994年和2000年经过两次合并组建而成。在长期的办学历程中，四川大学积淀了深厚的文化底蕴，形成了扎实的办学基础，铸就了以校训"海纳百川，有容乃大"和校风"严谨、勤奋、求是、创新"为核心的川大精神。当前，四川大学正积极响应国家"大众创业，万众创新"的号召，紧紧围绕国家"双一流建设"的总体战略部署，全面深化改革，向着世界一流大学的建设目标不断奋进。

## 浙江大学建校一百二十周年

邮票志号　2017-12
发行日期　2017.5.21

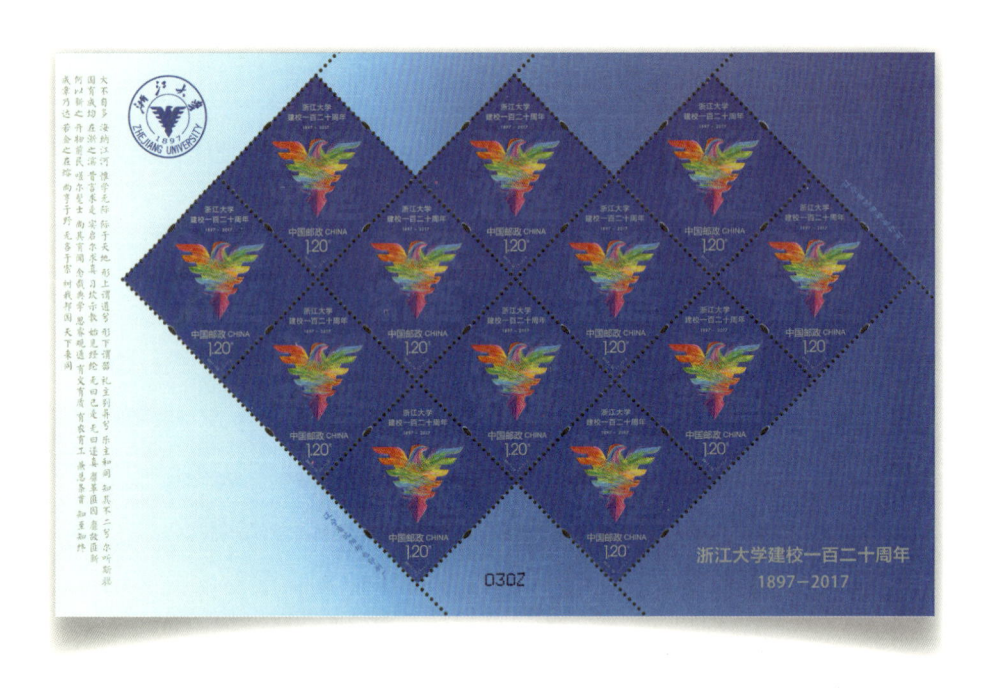

浙江大学的前身求是书院创立于1897年，为中国人自己最早创办的新式高等学校之一，1928年定名国立浙江大学。120多年来，浙江大学在民族危难中创立，在抗战西迁中崛起，在国家建设中奉献，在并校融合中跨越，成为历史悠久、声誉卓著的国内一流学府。"国有成均，在浙之滨"。今天的浙江大学秉承"求是创新"之校训，以"海纳江河"的开放胸襟、"启真厚德"的育人理念、"开物前民"的开拓精神和"树我邦国"的爱国情怀，朝着建设中国特色世界一流大学和民族复兴、人类进步的伟业踏实奋进。

# 珍惜资源　保护环境

减少资源浪费、治理生态环境是实现可持续发展的必由之路。中国政府高度重视环境保护，加强环境保护已经成为我国的基本国策，目前社会各界的环保意识正逐渐提高。

## 珍惜土地

邮票志号　1996-14
发行日期　1996.6.25

(2-1) 合理利用土地

(2-2) 保护耕地

土地是人类赖以生存和发展的重要物质基础，也是有限的不可再生资源和十分宝贵的财富，对它的开发、利用和保护，受到当今世界各国的普遍重视。

## 沙漠绿化

邮票志号　1994-4
发行日期　1994.4.21

(4-1) 浩瀚沙海

(4-2) 沙洲花开

(4-3) 胡杨成林

(4-4) 海港绿洲

该套邮票反映我国沙漠的自然景观，展示改造沙漠已取得的成就，进一步探讨科学利用和保护沙漠的可能性。

# 保护世界遗产

文化遗产是传承一个国家历史文化，维系民族精神的珍贵资源。保护文化遗产、保持民族文化的传承，是增进民族团结，维护国家统一、社会和谐的重要文化基础，更是维护世界文化多样性和创造性、促进人类共同发展的前提。为切实保护人类的共同遗产，国家加强对历史文化遗产的保护，按照"保护为主、抢救第一、合理利用、加强管理"的工作方针，逐步落实文物保护工作。

中国于1985年12月12日正式加入《保护世界文化和自然遗产公约》，截至2018年7月2日，中国世界遗产已达53项，其中世界文化遗产36项、世界文化与自然双重遗产4项、世界自然遗产13项。我国的文化遗产，是智慧的中国人民用勤劳的双手，在悠久的历史长河中创造的灿烂文化的结晶和代表，是世界所惊叹的人类历史上的伟大奇迹。我国的自然遗产，是由不胜枚举的奇山丽水组成的一个个人间仙境和神话世界，是真正的世界奇观。我国的文化和自然双重遗产，则是我国深厚的历史文化底蕴与大自然神奇造化的巧妙融合与升华。

## 文化遗产日

邮票志号　2016-13
发行日期　2016.6.11

(2-1)　中国非物质文化遗产　　　　(2-2)　中国文化遗产

我国于2005年12月设立文化遗产日,日期为每年6月的第二个星期六。两枚邮票分别以中国非物质文化遗产标志和中国文化遗产标志为中心,从人类非物质文化遗产代表作名录和世界文化遗产名录中选取具有代表性的中国项目,用线描的表现形式环绕展示在周围。中国非物质文化遗产表现项目为:昆曲、珠算、剪纸、端午节、古琴。中国文化遗产表现项目为:长城、福建土楼、敦煌莫高窟、北京故宫、秦始皇陵兵马俑。

# 质量建军 科技强军

　　坚持党对军队的绝对领导，全面推进军队的革命化、现代化、正规化建设。按照政治合格、军事过硬、作风优良、纪律严明、保障有力的总要求，积极推进军队的建设和改革。人民解放军进行了体制编制调整和改革，向质量建军、科技强军的有中国特色的精兵之路迈进；为捍卫国家主权和安全，保卫人民利益，支援国家经济建设，作出了重大贡献。

## 中国人民解放军建军七十周年

邮票志号　1997-12
发行日期　1997.8.1

1927年的"八·一"南昌起义，是中国共产党独立领导武装斗争的开始，开创了建立人民军队的新纪元。1933年7月11日，中华苏维埃共和国临时中央政府作出决议，将8月1日定为建军节。这支由中国共产党创建和领导的人民军队，为中国人民的解放事业，为维护国家独立与安全，支援社会主义建设立下不朽功勋；成为巩固国防，保卫社会主义革命和加强社会主义建设的钢铁长城，也成为维护世界和平的重要力量。

(5-1) 陆军

(5-3) 空军

(5-5) 陆海空联合演习

(5-2) 海军

(5-4) 战略导弹部队

## "神舟"飞天

1999年11月20日,我国载人航天工程第一艘试验飞船发射成功。此次发射的试验飞船和新型运载火箭均由我国自行研制。"神舟"号飞船环绕地球飞行21小时,在完成了包括空间环境监测、空间材料及生命科学等试验在内的各项任务后,按预定程序顺利返回并成功着陆。这一成果标志着我国和平利用空间领域的进一步拓宽,是我国航天史上的又一里程碑。

## 中国"神舟"飞船首飞成功纪念

邮票志号　2000-22
发行日期　2000.11.20

(2-1) 火箭腾飞

(2-2) 飞船遨游

在中国"神舟"飞船首飞成功一周年之际，国家邮政局特发行纪念邮票一套。

# 全方位外交

面对复杂多变的国际形势，我国继续坚持和平与发展是时代主题的正确论断，积极发展与世界各国的友好合作关系，开展卓有成效的外交活动，同许多国家确立了面向二十一世纪发展双边关系的原则，进一步树立了中国维护世界和平和稳定的良好形象。

## 中韩海底光缆系统开通

邮票志号　1995-27
发行日期　1995.12.15

中韩海底光缆是连接中韩两国的第一条海底光缆系统，它的建成不仅极大地提高了中韩两国之间的通信能力，而且也提高了其他地区经由中韩两国经转的通信能力，这一系统成为国际通信网的重要组成部分。

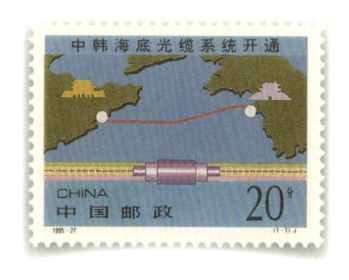

## 海南博鳌

邮票志号　2008-9
发行日期　2008.4.13

(2-1) 东屿岛

(2-2) 博鳌亚洲论坛会址

2001年2月，博鳌亚洲论坛成立大会在中国海南的博鳌举行，该论坛属非政府、非营利性的国际组织。经过多年的发展，该论坛目前已成为亚洲以及其他大洲有关国家政府、工商界和学术界领袖就亚洲以及全球重要事务进行对话的高层次平台。

# 肆　继往开来

改革开放之后，我们党对我国社会主义现代化建设作出战略安排，提出"三步走"战略目标。解决人民温饱问题、人民生活总体上达到小康水平这两个目标已提前实现。在这个基础上，我们党提出，到建党一百年时建成经济更加发展、民主更加健全、科教更加进步、文化更加繁荣、社会更加和谐、人民生活更加殷实的小康社会，然后再奋斗三十年，到中华人民共和国成立一百年时，基本实现现代化，把我国建成社会主义现代化国家。

从现在到2020年，是全面建成小康社会决胜期。要按照十六大、十七大、十八大提出的全面建成小康社会的各项要求，紧扣我国社会主要矛盾变化，统筹推进经济建设、政治建设、文化建设、社会建设、生态文明建设，坚定实施科教兴国战略、人才强国战略、创新驱动发展战略、乡村振兴战略、区域协调发展战略、可持续发展战略、军民融合发展战略，突出抓重点、补短板、强弱项，特别是要坚决打好防范化解重大风险、精准脱贫、污染防治的攻坚战，使全面建成小康社会得到人民认可、经得起历史检验。

# 中华人民共和国成立五十周年——民族大团结

邮票志号　1999-11
发行日期　1999.10.1

# 加快基础设施建设

基础设施建设是国民经济的命脉，必须坚定不移地、全方位地投入建设。要加强基础产业设施建设，加快发展现代能源产业和综合运输体系。

### 中国高速铁路

邮票志号　2010-29
发行日期　2010.12.7

我国铁道部与国际铁路联盟（UIC）于2010年12月7日至9日在北京共同举办第七届世界高速铁路大会。大会的主题是"高速铁路承载绿色交通新使命"。

## 电网建设

邮票志号　2009-5
发行日期　2009.2.24

(3-1) 科技强电　　(3-2) 坚强电网　　(3-3) 户户通电

国家电网承担着为国民经济和人民生活提供安全、可靠、优质电力供应与服务的基本使命。近年来，农村"户户通电"工程的实施从根本上改善了无电偏远地区的生产生活条件。

## 西气东输工程竣工

邮票志号　2005-2
发行日期　2005.1.8

(2-1) 气源开发　　(2-2) 管道建设

中国西部地区天然气向东部地区输送，主要是将新疆塔里木盆地的天然气输往长江三角洲地区。输气管道西起新疆塔里木的轮南油田，向东最终到达上海，延至杭州。

## 和谐铁路建设

邮票志号　2006-30
发行日期　2006.12.28

（4-1）提速扩能

（4-2）重点物资运输

（4-3）支农运输

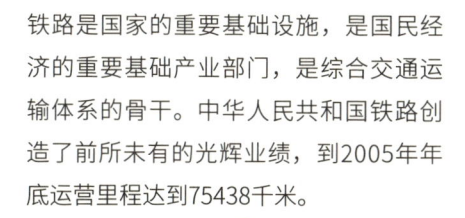

铁路是国家的重要基础设施，是国民经济的重要基础产业部门，是综合交通运输体系的骨干。中华人民共和国铁路创造了前所未有的光辉业绩，到2005年年底运营里程达到75438千米。

（4-4）口岸运输

104　　　　小邮票大中国　纪念改革开放四十周年

铁路第六次大提速（小型张）

# 经济产业自主创新

深化供给侧结构性改革,建设中国特色社会主义经济体系,支持传统产业优化升级,加快发展现代服务业,瞄准国际标准提高水平,促进经济产业创新转型。

坚持走中国特色自主创新道路,把增强自主创新能力贯彻到现代化建设各个方面。认真落实国家中长期科学和技术发展规划纲要,加大对自主创新投入,着力突破制约经济社会发展的关键技术。

## 侨乡新貌

邮票志号　2004-10
发行日期　2004.5.15

(4-1) 兴隆华侨农场

(4-2) 暨南大学

(4-3) 福清融侨开发区

改革开放以来，华侨成为我国对外交往的桥梁和纽带，成为侨乡当地经济建设的主力军，对文化教育、经济发展、城乡建设、公益事业等各个方面都起着巨大的推动作用。

(4-4) 开平侨乡

# 区域经济协调发展

我国将继续实施区域协调发展战略，深入推进西部大开发，全面振兴东北地区等老工业基地，大力促进中部地区崛起，积极支持东部地区率先发展。以疏解北京非首都功能为"牛鼻子"推动京津冀协同发展，高起点规划、高标准建设雄安新区。以共抓大保护、不搞大开发为导向推动长江经济带发展。支持资源型地区经济转型发展。加快边疆发展，确保边疆巩固、边境安全。坚持陆海统筹，加快建设海洋强国。加强国土规划，按照形成主体功能区的要求，完善区域政策，调整经济布局。

## 重庆建设

邮票志号　2007-15
发行日期　2007.6.8

(2-1) 新貌　　　　　　　　　　(2-2) 交通网络

重庆是中国四个直辖市之一，地处中国西南，是中国重要的中心城市之一，是长江上游地区的经济中心和金融中心、内陆出口商品加工基地和扩大对外开放的先行区，是中国重要的现代制造业基地、长江上游科研成果产业化基地、长江上游生态文明示范区、中西部地区发展循环经济示范区、国家高技术产业基地，是长江上游航运中心，是实施西部大开发的开发地区以及国家统筹城乡综合配套改革试验区。

# 青藏铁路全线通车

2006年7月1日，青藏铁路全线通车。该铁路东起青海西宁，西至拉萨，全长1956千米。其中，格尔木至拉萨段，北起青海省格尔木市，经纳赤台、五道梁、沱沱河、雁石坪，翻越唐古拉山，再经过西藏自治区安多、那曲、当雄、羊八井，至拉萨，全长1142千米。青藏铁路是世界上海拔最高、线路最长的高原铁路，同时也是实施西部大开发战略的标志性工程。

**青藏铁路开工纪念**

邮票志号　2001-28M
发行日期　2001.12.29

## 青藏铁路通车纪念

邮票志号　2006-15
发行日期　2006.7.1

(3-1) 穿越可可西里

(3-2) 翻越唐古拉山

(3-3) 拉萨火车站

# 节能减排　低碳环保

　　人与自然是生命共同体，我们在发展经济的同时也要注意尊重自然、顺应自然、保护自然，要开发和推广节约、替代、循环利用和治理污染的先进适用技术，发展清洁能源和可再生能源，保护土地和水资源，建设科学合理的能源资源利用体系，提高能源资源利用效率。发展环保产业，加大节能环保投入，重点加强水、大气、土壤等污染防治，改善城乡人居环境；加强水利、林业、草原建设，加强荒漠化、石漠化治理，促进生态修复；加强应对气候变化能力建设，为保护全球气候作出新贡献。

## 节能减排　保护环境

邮票志号　2010-13
发行日期　2010.6.15

(2-1) 低碳发展 　　　　(2-2) 绿色生活

　　我国把应对气候变化与实施可持续发展战略，加快建设资源节约型、环境友好型社会，建设创新型国家结合起来，以发展经济为核心，以节约能源、优化能源结构、加强生态保护和建设为重点，以科技进步为支撑，努力控制和减缓温室气体排放，不断提高适应气候变化能力。

# 社会主义文化大繁荣

中国电影诞生一百周年

邮票志号　2005-17
发行日期　2005.8.28

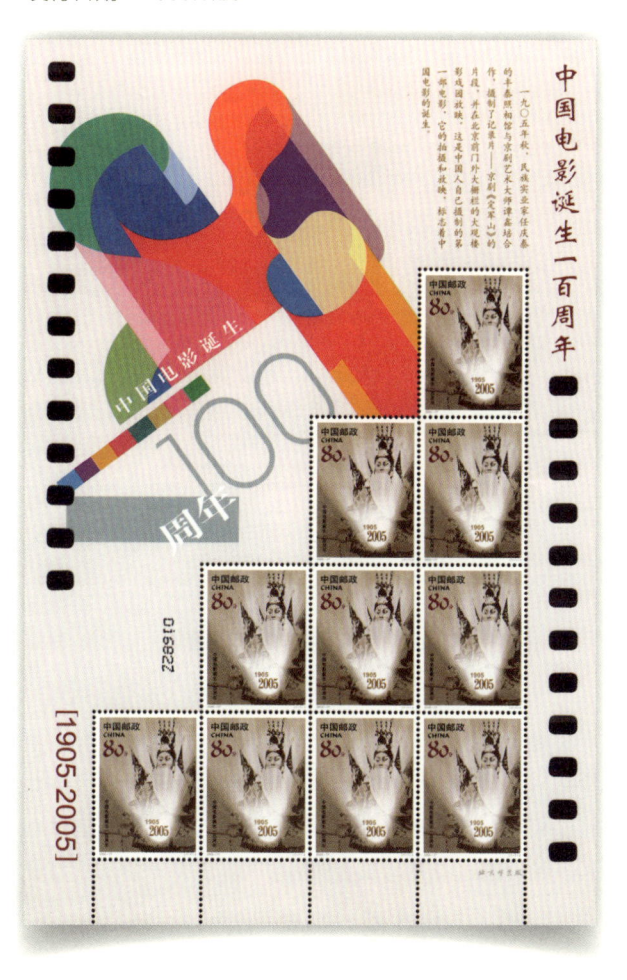

文化是一个国家、一个民族的灵魂。中华文化博大精深，历经五千年而不衰，在当今国际社会文化背景下，我们要大力发展文化产业，逐步形成以公有制为主体、多种所有制共同发展的文化产业新格局。如今，文化创意、影视制作、出版发行、印刷复制、广告、演艺、娱乐、文化会展、数字内容和动漫等文化产业体系框架已初步形成。

## 中国电视事业暨中央电视台创立五十周年

邮票志号　2008-21
发行日期　2008.9.2

中央电视台是中国重要的新闻舆论机构,是党、政府和人民的重要喉舌,是中国重要的思想文化阵地,是全国公众获取信息的主要渠道,也是中国了解世界、世界了解中国的重要窗口。改革开放以来,中央电视台发展迅猛,日新月异,目前已拥有相当规模的具有世界先进水平的技术设备和设施。中央电视台立足中国,面向世界,成为当今中国第一大电视台和具有一定国际影响力的传播机构。

## 中国话剧诞生一百周年

邮票志号　2007-10
发行日期　2007.4.6

戏剧史学家把1907年春柳社在东京上演的《茶花女》和《黑奴吁天录》作为中国话剧史发端的标志。本套邮票即以当年《黑奴吁天录》演出海报为元素进行设计，邮票的前景为舞台，通过两束舞台灯光分别照射有着极端表情的两个面具——喜与悲，揭示了早期话剧作品的主题——人间的悲欢离合。舞台、光束、面具、海报有机地营造了一个空间画面，叙说着中国话剧100多年来的沧桑历史和光明前景。

## 中国芭蕾——红色娘子军

邮票志号　2010-5
发行日期　2010.1.1

（2-1）信念　　　　　（2-2）快乐

芭蕾是欧洲的一种古典舞蹈。起源于意大利，17世纪形成于法国。中国芭蕾在保持古典芭蕾风格的同时，又与民族文化有机结合，创造了具有中国特色的芭蕾艺术。芭蕾舞剧《红色娘子军》开创了西方芭蕾在中国本土化的新纪元，是中西文化在芭蕾艺术领域完美融合的奇迹，是一部经典之作。

## 国家图书馆

邮票志号　2009-19
发行日期　2009.9.9

（2-1）古籍馆 　　　　　　　　　（2-2）总馆北区

国家图书馆，前身是筹建于1909年的京师图书馆，由位于北京紫竹院公园北侧的总馆和北海公园西面的古籍馆两部分组成，是国家总书库、国家书目中心和国家古籍保护中心。

# 光荣与梦想 实现中国体育跨越式发展

1979年，中国奥委会重返国际奥林匹克大家庭，随着改革开放的逐步深入，中国综合国力不断增强，国际地位日益提高。2001年7月，北京获得了2008年夏季奥运会主办权。2008年北京奥运会、残奥会的成功举办，充分体现了人文奥运、科技奥运、绿色奥运的理念，中国体育代表团以51枚金牌荣登金牌榜榜首，实现了中华民族的百年梦想。

**奥运会从雅典到北京**

邮票志号　2004-16
发行日期　2004.8.13

(2-1) 雅典帕提农神庙　　(2-2) 北京天坛祈年殿

## 奥运会从北京到伦敦

邮票志号　2008-20
发行日期　2008.8.24

(4-1) 国家体育场
(4-2) 故宫角楼
(4-3) 伦敦眼
(4-4) 伦敦塔

第29届奥林匹克运动会——会徽和吉祥物　　邮票志号　2005-28
　　　　　　　　　　　　　　　　　　　　　发行日期　2005.11.12

(6-1) 会徽

肆 | 继往开来　　　　　　　　　　　　　　　　　119

(6-2) 吉祥物福娃贝贝

(6-3) 吉祥物福娃晶晶

(6-4) 吉祥物福娃欢欢

(6-5) 吉祥物福娃迎迎

(6-6) 吉祥物福娃妮妮

## 第29届奥林匹克运动会——运动项目（一）

邮票志号　2006-19
发行日期　2006.8.8

（4-1）篮球

（4-2）击剑

（4-3）帆船

（4-4）体操

## 第29届奥林匹克运动会——运动项目（二）

邮票志号　2007-22
发行日期　2007.8.8

（6-1）跳水

（6-2）射击

（6-3）田径

（6-4）排球

（6-5）小轮自行车

（6-6）举重

## 第29届奥林匹克运动会——竞赛场馆

邮票志号　2007-32
发行日期　2007.12.20

（6-1）中国农业大学体育馆

（6-2）老山自行车馆

（6-3）国家体育馆

（6-4）北京大学体育馆

（6-5）国家游泳中心

（6-6）青岛奥林匹克帆船中心

国家体育场（小型张）

## 第29届奥林匹克运动会——火炬接力

邮票志号　2008-6
发行日期　2008.3.24

（2-1）点燃

（2-2）传递

## 北京2008年奥林匹克博览会

邮票志号　2008-12
发行日期　2008.4.30

（2-1）传承奥运

（2-2）激情北京

后奥运时代，中国体育翻开崭新的一页，中国继续承办了国际、洲际大型运动会，并在体教结合、社会参与、全民健身等方面加快前进步伐，中国已然从一个体育大国向着真正意义上的体育强国迈进。

## 第16届亚洲运动会

邮票志号　2009-13
发行日期　2009.6.30

(2-1) 会徽　　　　　　　　　　(2-2) 吉祥物

## 第16届亚洲运动会开幕纪念

邮票志号　2010-27
发行日期　2010.11.12

（6-1）羽毛球 　　　　（6-2）武术 　　　　（6-3）田径

（6-4）马术 　　　　（6-5）龙舟 　　　　（6-6）围棋

肆 | 继往开来

## 广州2010年亚洲残疾人运动会

邮票志号　2010-21
发行日期　2010.9.3

## FIFA2007年中国女足世界杯·会徽

邮票志号　2007-26
发行日期　2007.9.10

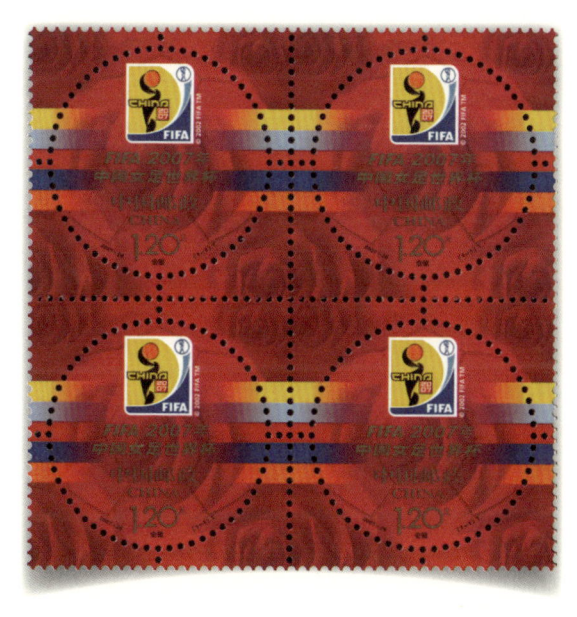

# 2010年上海世界博览会

　　2010年上海世界博览会简称上海世博会，是中国继北京奥运会之后举办的又一个具有重要意义的国际性活动，是向全世界展示近年来我国文化、科技与经济发展成果的重要途径。

　　2010年4月30日，中国2010年上海世界博览会在上海世博文化中心举行。此届世博会的主题是"城市，让生活更美好"，共有190个国家、56个国际组织和中国31个省区市及港澳台地区参展。

## 中国2010年上海世博会开幕纪念

邮票志号　2010-10
发行日期　2010.5.1

## 中国与世博会

邮票志号　2009-8
发行日期　2009.5.1

（4-1）中国参加早期世博会

（4-2）中国参加近期世博会

（4-3）1999昆明世界园艺博览会

（4-4）中国2010年上海世博会

## 上海世博园

邮票志号　2010-3
发行日期　2010.1.21

(4-1) 世博中心

(4-2) 中国馆

(4-3) 演艺中心

(4-4) 主题馆

世博轴（小型张）

## 中国2010年上海世博会会徽和吉祥物

邮票志号　2007-31
发行日期　2007.12.19

（2-1）会徽

（2-2）吉祥物

# 航天事业取得突破性进展

和平利用外层空间是中国航天事业发展的宗旨，从载人航天到"嫦娥"奔月，中国不断拓展和平利用太空的领域。中国载人航天工程自1992年以来，取得突破性进展，神舟五号、神舟六号的发射相继取得圆满成功，实现了中华民族的千年梦想。神舟七号成功实施中国航天员首次出舱活动，使中国成为世界第三个独立掌握空间出舱关键技术的国家。继载人航天飞行后，我国开展了以月球探测为主的深空探测，成功实施"嫦娥一号"月球探测活动。在此基础上，探月二期工程全面启动，"嫦娥二号"成功获取月球虹湾影像图，中国探月工程迈出关键一步。

## 中国航天事业创建五十周年

邮票志号　2006-13
发行日期　2006.6.8

(2-1) 地球空间探测双星　　　　(2-2) 神舟六号载人飞船

五十年来，中国航天事业坚持走自主创新的道路，经历了艰苦创业、配套发展、改革振兴和走向世界等几个重要时期，从无到有、从小到大、从弱到强，建成了独立自主的、有中国特色的、完整的航天科技工业体系，取得了以"两弹一星"和载人航天为代表的辉煌成就。中国航天事业在航天高科技的一些重要领域跻身于世界先进行列，极大地增强了我国的经济实力、科技实力、国防实力和民族凝聚力。

## 中国首次载人航天飞行成功

邮票志号　特5-2003
发行日期　2003.10.16

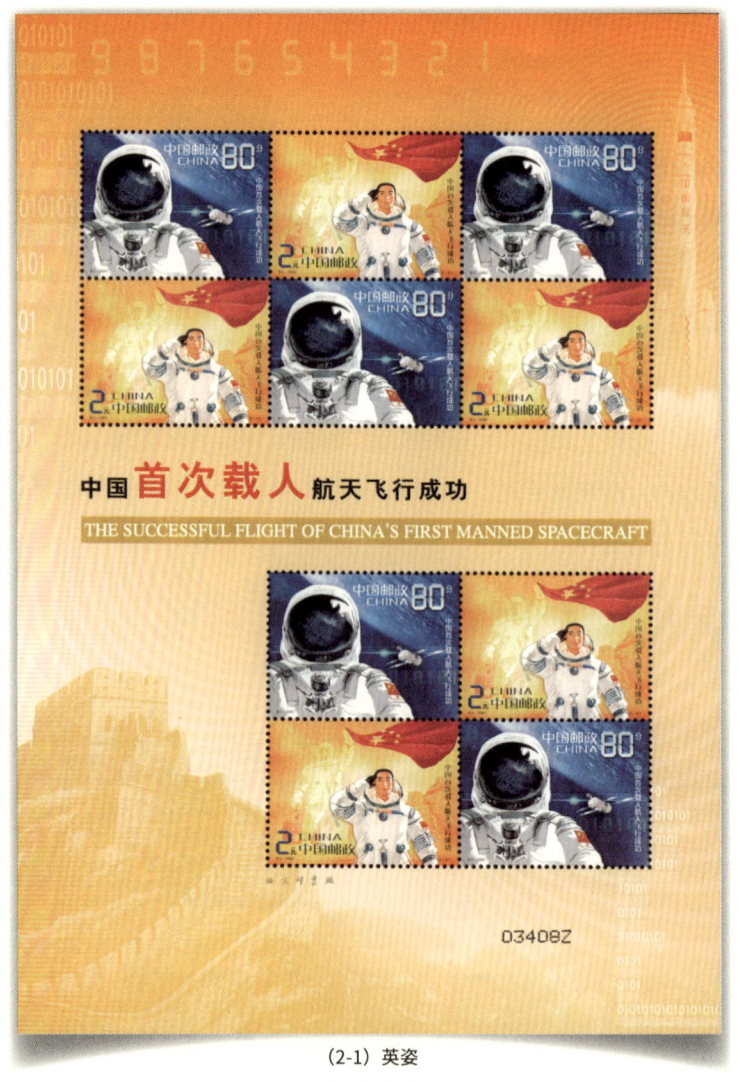

(2-1) 英姿
(2-2) 凯旋

2003年10月15日，我国在酒泉卫星发射中心进行首次载人航天飞船发射。我国首次载人航天飞行圆满成功，航天员杨利伟成为中国第一位"太空使者"。中国成为世界上第三个以自主技术发射宇宙载人航天器的国家。

## 中国探月首飞成功纪念

邮票志号　特6-2007
发行日期　2007.11.26

# 民族大团结

历史和现实反复证明：团结稳定是福，分裂动乱是祸；民族团结、社会稳定、国家统一是时代主流，是大势所趋。56个民族的兄弟姐妹应当携起手来共同团结奋斗，共同繁荣发展。国家保障少数民族合法权益，巩固和发展平等团结、互助和谐的社会主义民族关系。

## 新疆维吾尔自治区成立五十周年

邮票志号　2005-21
发行日期　2005.10.1

(3-1) 迎新曲　　　　(3-2) 欢乐颂　　　　(3-3) 丰收歌

改革开放以来，在中央政府的关怀支持下，新疆维吾尔自治区实施优势资源转换战略，经济建设和各项社会事业都取得了巨大成就。新疆少数民族的政治地位空前提高，建立了平等、团结、互助的社会主义民族关系。目前，新疆经济发展，社会稳定，民族团结，边防巩固，人民安居乐业，市场繁荣，政通人和，面貌一新，各民族人民正朝着全面建设小康社会的宏伟目标迈进。

## 西藏自治区成立四十周年

邮票志号　2005-27
发行日期　2005.8.26

实施西部大开发战略以来，在党的领导和中央政府的亲切关怀下，雪域高原发生了举世瞩目的巨大变化。今天的西藏，政治稳定，经济发展，社会安定，边防巩固，人民幸福，呈现出一派生机勃勃、欣欣向荣的景象；今天的西藏，民族团结、宗教和睦的良好局面更加巩固，广大农牧民的生活水平日益提高，各项社会事业蓬勃发展，社会主义现代化建设取得了辉煌的成就。

## 内蒙古自治区成立六十周年

邮票志号　2007-11
发行日期　2007.5.1

(2-1) 吉庆

(2-2) 欢歌

草原"那达慕"大会的竞技和歌舞场面，体现了蒙古族人民坚忍不拔、勇于进取和尚礼好客的精神风貌，展示了内蒙古自治区团结进步、奋发向上的崭新面貌，昭示了党的民族区域自治制度在内蒙古取得的伟大胜利。在新的历史条件下，自治区将进一步发扬民族团结进步的光荣传统，努力开创改革开放和现代化建设事业的新局面。

## 少数民族传统体育

邮票志号　2003-16
发行日期　2003.9.5

(4-1) 摔跤（蒙古族）

(4-2) 响箭（藏族）

(4-3) 赛马（维吾尔族）

(4-4) 秋千（朝鲜族）

我国的少数民族传统体育有着悠久的历史，其主要特征就是各类运动项目大多是直接源于生产劳动之中，甚至就是现实生活的真实反映。人们在运动中强身健体，净化身心，互教互助，增进友谊。传统体育早已成为少数民族生活中不可缺少的一项内容，也是我国体育事业的一个重要组成部分。

# 抗震救灾

    2008年5月12日，四川汶川发生地震。2010年4月14日，青海玉树发生地震。在灾难面前，党中央果断决策，国家领导人深入灾区一线，全力组织抗震救灾，为各级党组织抗震救灾做出了示范。在灾难面前，各级党组织和广大干部党员战斗在抗震救灾第一线，充分发挥党组织的战斗堡垒作用和共产党员的先锋模范作用，用"营救生命、保障民生"的实际行动体现出党的先进性。

**抗震救灾 众志成城**

邮票志号　特7-2008
发行日期　2008.5.20

## 与爱同行

邮票志号　PP173
发行日期　2008.6.25

2008年5月12日14时28分，四川汶川、北川8级强震猝然来袭。这是中华人民共和国成立以来破坏性最强、波及范围最大的一次地震。为表达全国各族人民对四川汶川大地震遇难同胞的深切哀悼，国务院决定，2008年5月19日至21日为全国哀悼日。自2009年起，每年5月12日为全国防灾减灾日。

我们在一起

邮票志号　PF231
发行日期　2010.6.2

2010年4月14日7时49分，青海省玉树藏族自治州发生7.1级地震，地震主要发生在玉树州的州府所在地——玉树县结古镇，造成重大伤亡。2010年6月2日，国家邮政特发《我们在一起》邮资封一枚。

# 加强与各民主党派合作

习近平在十二届（2013年）全国人大一次会议上强调，我们要巩固和发展最广泛的爱国统一战线，最大限度团结一切可以团结的力量。改革开放以来，党始终贯彻长期共存、互相监督、肝胆相照、荣辱与共的方针，加强同民主党派的合作共事，支持民主党派和无党派人士更好地履行参政议政、民主监督职能，并选拔和推荐更多优秀党外干部担任领导职务。

## 中国人民政治协商会议成立六十周年

邮票志号　2009-22
发行日期　2009.9.21

（2-1）中国人民政治协商会议会徽

（2-2）全国政协礼堂

六十多年的实践为我们继续推进人民政协事业提供了重要启示：必须坚持把人民政协事业作为中国特色社会主义事业的重要组成部分；必须坚持发挥人民政协作为中国共产党领导的多党合作和政治协商的重要机构作用，不断巩固和发展我国多党合作的政治格局；必须坚持发挥人民政协作为大团结大联合组织的作用，不断为中华民族伟大复兴增添新力量；必须坚持以改革创新精神推进人民政协事业，永葆人民政协生机活力。

# 推进国防和军队建设

改革开放以来，我国国防和军队建设取得了辉煌成就。人民军队已由过去单一军种的军队发展成为诸军兵种合成、具有一定现代化水平并开始向信息化迈进的强大军队，为捍卫国家主权、安全、领土完整，为我国社会主义建设和改革开放事业建立了卓著功勋。

## 中华人民共和国成立60周年国庆首都阅兵

邮票志号　2009-26
发行日期　2009.10.1

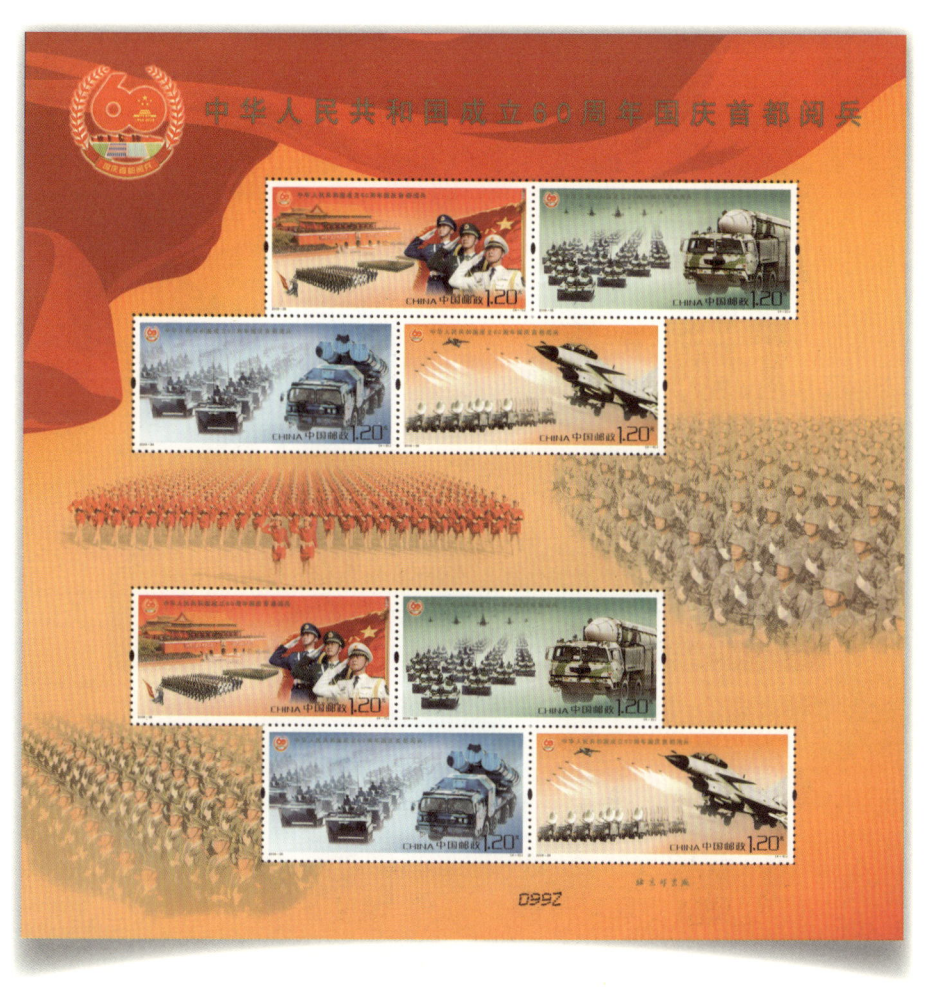

(4-1) 徒步方队
(4-2) 陆军和二炮装备方队
(4-3) 海军装备方队
(4-4) 空中梯队

2009年10月1日，伟大的中华人民共和国迎来了60周年华诞。首都各界在天安门广场举行盛大的国庆典礼和阅兵仪式。英勇的人民解放军以一流的武器装备、一流的训练成果、一流的精神风貌，展示了人民军队蓬勃向上、开拓进取的良好形象，向中国和世界奉献了一场最精彩、最具特色的阅兵盛典。

## 中国人民解放军建军八十周年

邮票志号　2007-21
发行日期　2007.8.1

(4-1) 听党指挥
(4-2) 服务人民
(4-3) 英勇善战
(4-4) 维护和平

中华人民共和国成立后，中国人民解放军迈进了革命化、现代化、正规化建设的新时期。如今已发展成为包括陆、海、空军及诸兵种合成的、高度集中统一的正规军队，保卫中华人民共和国的钢铁长城，维护世界和平的一支重要力量。

# 推进"一国两制" 实现祖国和平统一大业

香港、澳门回归祖国后,"一国两制"构想成功付诸实践。在中央政府的支持下,香港和澳门保持了繁荣稳定和发展。与此同时,海峡两岸也本着"建立互信、搁置争议、求同存异、共创双赢"的精神,在"九二共识"基础上恢复协商,推动两岸全面、直接、双向"三通"。

## 香港回归祖国十周年

邮票志号　2007-17
发行日期　2007.7.1

十年来,"一国两制""港人治港""高度自治"的方针在香港得到成功实践。在中央政府的支持下,香港特别行政区政府和各界人士团结奋斗,克服种种困难与挑战,维护了香港的繁荣稳定。香港继续保持国际金融、贸易、航运中心的地位,被公认为全球最具竞争力和发展活力的地区之一。

(3-1) 欢庆

(3-2) 合作

(3-3) 繁荣

香港回归祖国十周年（小型张）

## 澳门回归祖国十周年

邮票志号　2009-30
发行日期　2009.12.20

（3-1）欢庆

（3-2）合作

（3-3）繁荣

澳门回归以来，社会面貌焕然一新。在中央政府的支持下，澳门特别行政区政府团结带领社会各界人士，认真贯彻"一国两制""澳人治澳""高度自治"的方针，积极应对各种挑战，保持了经济持续增长、社会和谐安定、民生逐步改善的良好局面。回归后的澳门，充满蓬勃生机，展现了"一国两制"的成功实践和广阔前景。

## 始终不渝地走和平发展道路

当代中国同世界的关系发生了历史性变化，中国的前途命运日益紧密地同世界的前途命运联系在一起。不管国际风云如何变幻，中国政府和人民都将高举和平、发展、合作旗帜，奉行独立自主的和平外交政策，维护国家主权、安全、发展利益，恪守维护世界和平、促进共同发展的外交政策宗旨。

**中非合作论坛北京峰会**

邮票志号　2006-20
发行日期　2006.11.3

## 中国—东盟建立对话关系15周年

邮票志号　2006-26
发行日期　2006.10.30

## 第七届亚欧首脑会议

邮票志号　2008-27
发行日期　2008.10.24

# 关注"三农"

党的十八大报告指出，解决好农业、农村、农民问题，事关全面建设小康社会的大局，始终是全党工作的重中之重。加强农业基础地位，走中国特色农业现代化道路，建立以工促农、以城带乡的长效机制，是形成城乡经济社会发展一体化新格局的必经之路。

## 第二次全国土地调查

邮票志号　2008-15
发行日期　2008.6.25

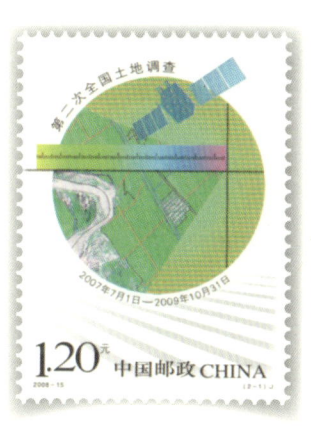

（2-1）农村土地调查　　　　（2-2）城镇土地调查

## 全面取消农业税

邮票志号　2006-10
发行日期　2006.2.22

2005年12月29日，第十届全国人大常委会第十九次会议通过《全国人民代表大会常务委员会关于废止〈中华人民共和国农业税条例〉的决定》。2006年1月1日，我国全面取消农业税，在我国实行了两千多年的古老税种退出历史舞台。

# 促进教育公平

　　促进和保障教育公平是构建社会主义和谐社会的必然要求，也是我国教育改革和发展不懈追求的目标。促进教育公平就必须坚持公共教育资源向农村、中西部地区、贫困地区、边疆地区、民族地区倾斜，逐步缩小城乡、区域教育发展差距，从而推动公共教育协调发展。同时也应健全教育资助制度和助学体系，以推进优质教育资源的公平配置。

**教书育人**　　　　　　　　　　　　　　　　　　邮票志号　PP46
　　　　　　　　　　　　　　　　　　　　　　　发行日期　2001.10.5

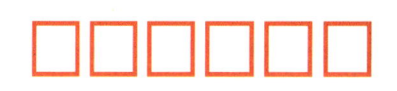

希望工程助学行动

邮票志号　ZP
发行日期　1994.3.22

# 完善社会保障体系

社会保障是社会安定的重要保证。"十一五"期间,我国社会保障制度建设取得突破性进展,覆盖城乡居民的社会保障体系框架基本形成。目前,我国社会保障体系日趋完善,社会保障覆盖面持续扩大,社会保障待遇水平连年提高,人民的幸福指数不断提升。

**中国保险**

邮票志号　T.101
发行日期　1984.12.25

# 健全医疗制度 提高健康水平

健康是人全面发展的基础，关系千家万户的幸福。党和国家历来高度重视医疗卫生事业，党的十七大提出了人人享有基本医疗卫生服务的战略目标。"十一五"是中国政府卫生投入增长最快的时期，2009年各级政府卫生支出总量达到4685亿元，同时，个人卫生支出占卫生总费用比重下降14％。"十二五"期间，中国将进一步健全医疗保障制度，提高疾病经济风险分担能力，进一步提高政策范围内住院费用报销比例，门诊统筹将覆盖所有地区。

## 中国红十字会成立一百周年

邮票志号　2004-4
发行日期　2004.3.10

中国红十字会成立于1904年3月10日，是中华人民共和国成立后第一个在国际组织中恢复合法席位的团体。100多年来，中国红十字会严格遵循红十字运动"人道、公正、中立、独立、志愿、统一、普遍"七项基本原则，为全人类的和平进步事业作出了应有的贡献。特别是改革开放以来，中国红十字会走上了依法建会的轨道，工作内容不断增加，领域不断拓宽，在国内外的影响越来越大。

## 伍 长风破浪会有时

## 中国梦

有目标的人生是幸福的，有梦想的民族是伟大的。习近平总书记曾在国家博物馆参观《复兴之路》展览时表示要努力实现中华民族伟大复兴的中国梦，这是习近平同志就任总书记后第一次提出中国梦。此后，总书记又在其他不同的场合对中国梦作出了进一步的阐述。

## 中国梦——民族振兴

邮票志号　2014-22
发行日期　2014.9.20

(4-1) 政治文明
(4-2) 经济发展
(4-3) 文化繁荣
(4-4) 民族团结

邮票以腾飞的金丝带贯穿画面，分别从政治文明、经济发展、文化繁荣、民族团结四个方面进行阐释，展现了改革开放以来我国在经济、文化方面所取得的辉煌成就和繁荣景象，寓意祖国各民族团结一心、幸福和谐的美好愿景。

# 新时代的全面深化改革

自党的十八大以来,党和国家进入了极不平凡的时代。我们取得了全方位、立体化的伟大成就,产生了深层次、根本性的变革。我国各届领导人共同的努力使中国特色社会主义进入到了新时代,我国的发展进程在历史的书卷中进入到了新的篇章。以习近平同志为核心的党中央——一个更加坚强有力的党,正在以昂扬奋进的新姿态,引领着"中国号"巨轮驶向中华民族伟大复兴的光辉彼岸。

我们要坚持从我国实际出发,坚定不移走自己的路。同时我们要树立世界眼光,更好地把国内发展与对外开放统一起来,把中国发展与世界发展联系起来,把中国人民利益同各国人民共同利益结合起来,不断扩大同各国的互利合作,以更加积极的姿态参与国际事务,共同应对全球性挑战,努力为全球发展作出贡献。

## 中国梦——人民幸福

邮票志号　2015-15
发行日期　2015.7.25

(4-1)　安居乐业
(4-2)　社会保障
(4-3)　社会和谐
(4-4)　美好生活

画面中蓝绿色调的优美环境贯穿始终，体现绿色、健康、可持续发展的精神。邮票以蓝天为背景，通过一幅幅插画表现了人民安居乐业、社会保障完善、社会和谐发展以及共同期待美好生活的场景，营造出一幅人民幸福的美好画面。

# 经济建设取得重大成就

近年来,我国经济始终保持着中高速增长,国内生产总值年均增速在世界主要经济体中位居第一,对世界经济的贡献率超过了30%,我国已成为拉动全球经济的第一引擎。

在未来的几年中,我国将继续在以习近平同志为核心的党中央集中统一领导下,砥砺奋进,实事求是,真抓实干,坚定不移贯彻新发展理念,坚决端正发展观念、转变发展方式,不断提升发展的质量和效益,在新时代中国特色社会主义事业中昂首前进。

## 中国资本市场

邮票志号　2010-30
发行日期　2010.12.12

（2-1）发展资本市场

（2-2）服务国民经济

2014年11月17日，上海与香港股票市场交易互联互通机制"沪港通"正式启动。1990年，上海证券交易所、深圳证券交易所相继成立。20多年来，中国资本市场从无到有、从小到大，解决了股权分置等重大问题，各项制度不断完善，市场参与主体不断成熟，逐渐形成了多层次的资本市场，为促进国民经济发展，优化资源配置作出了巨大贡献。

## 中国银行

邮票志号　2012-2
发行日期　2012.2.5

(2-1) 百年中行　　　(2-2) 全球服务

1912年2月，中国银行正式成立。中华人民共和国成立后，中国银行成为国家外汇外贸专业银行，为国家对外经贸发展和国内经济建设作出了重大贡献。在百年的发展历程中，中国银行始终秉承追求卓越的精神、稳健经营的理念、客户至上的宗旨和严谨细致的作风，得到了业界和客户的广泛认可和赞誉，树立了卓越的品牌形象。

## 招商局

邮票志号　2012-27
发行日期　2012.10.26

（3-1）浦江创业

（3-2）蛇口开发

（3-3）再创辉煌

招商局是中国民族工商业的先驱，创立于1872年晚清洋务运动时期，是中国首家官督商办企业。1978年，招商局独资开发了在海内外产生广泛影响的中国第一个对外开放的工业区——蛇口工业区，并相继创办了中国第一家商业股份制银行——招商银行，中国第一家企业股份制保险公司——中国平安保险公司等，为中国改革开放事业的探索提供了有益的经验。

随着供给侧结构性改革的深入推进，我国经济结构不断优化，数字经济等新兴产业蓬勃发展，高铁、公路、桥梁、港口、机场等基础设施建设快速推进。

**京沪高速铁路通车纪念**　　　　　　　　　　邮票志号　2011-17
　　　　　　　　　　　　　　　　　　　　　　发行日期　2011.6.30

2011年6月30日，京沪高速铁路正式开通运营。京沪高铁是我国以"四纵四横"为骨架的快速铁路网的重要组成部分，是世界上一次建成的线路里程最长、技术标准最高的高速铁路，连接"环渤海"和"长三角"两大经济区。

# 中国高速铁路发展成就

邮票志号　2017-29
发行日期　2017.11.25

(4-1) 高速铁路建设

(4-2) 高速动车整备场

(4-3) 高速铁路桥梁

(4-4) 高速铁路客站

"复兴号"动车组（小型张）

在以习近平同志为核心的党中央的坚强领导下，中国高速铁路快速发展，在规划设计、工程建设、技术创新、装备制造、运营管理等方面取得了一系列举世瞩目的巨大成就。中国已经成为世界上高速铁路运营规模最大、技术最全面、管理经验最丰富的国家，特别是成功研制出具有完全自主知识产权、达到世界先进水平的"复兴号"中国标准动车组，并在京沪高铁按时速350千米运营，树立了世界高铁运营时速新标杆，标志着我国高铁事业发展进入了一个崭新时代。

## 港珠澳大桥

邮票志号　JP162
发行日期　2010.3.24

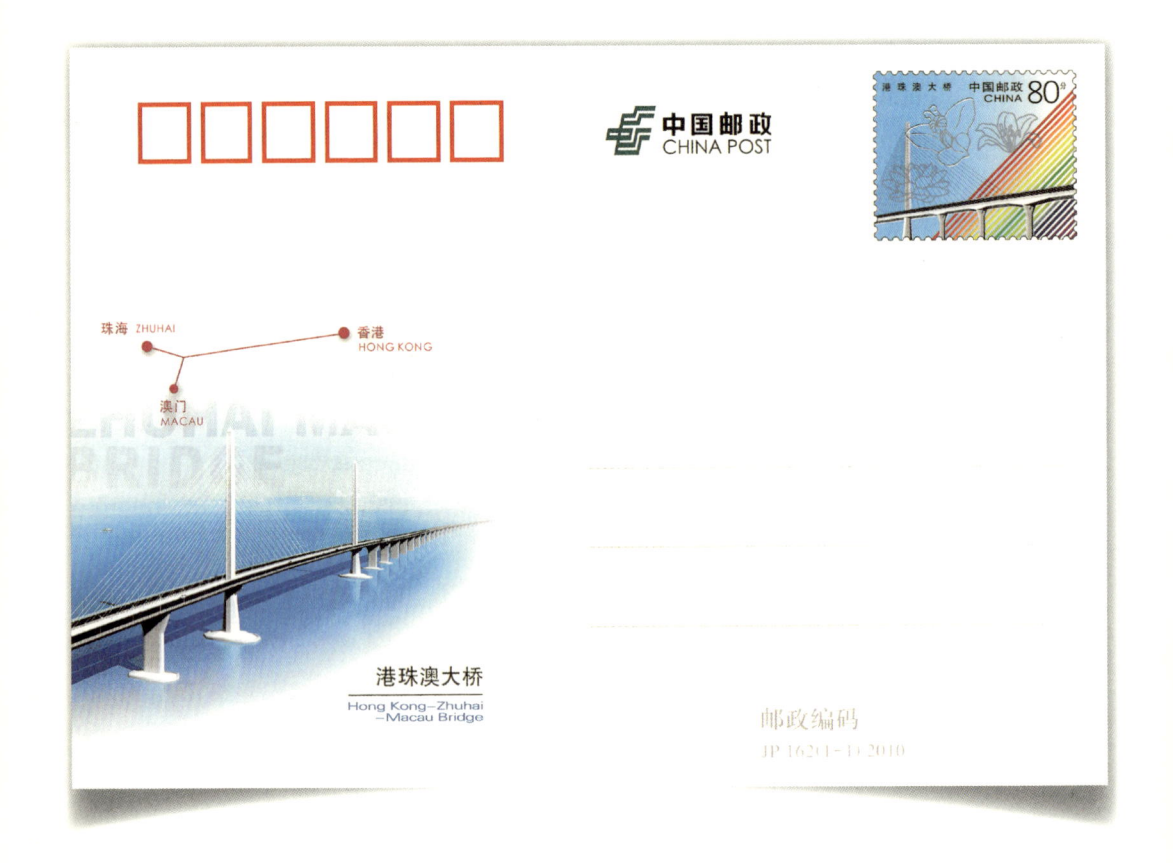

港珠澳大桥是在"一国两制"条件下粤港澳三地首次合作共建的超大型基础设施项目，大桥东接香港特别行政区，西接广东省（珠海市）和澳门特别行政区，是国家高速公路网规划中珠江三角洲地区环线的重要组成部分和跨越伶仃洋海域、连接珠江东西两岸的关键性工程。2017年7月7日，港珠澳大桥主体工程全线贯通。

## 海洋石油

邮票志号　2013-2
发行日期　2013.1.18

（3-1）勘探

（3-2）钻井

（3-3）生产

邮票分别展现了代表我国海洋石油工程装备制造业先进水平的三台设备。包括亚洲首艘最新一代12缆地球物理勘探船"海洋石油720"、我国首艘深水半潜式钻井平台"海洋石油981"、浮式生产储油船"海洋石油117号"。

## 中国远洋运输

邮票志号　2011-21
发行日期　2011.8.8

(2-1) 集装箱运输

(2-2) 散货运输

中国远洋运输（集团）以航运和物流为主业，在致力于为全球客户提供航运、物流服务的同时，还在船舶及海洋的工程建造和修理等多个领域提供优质服务。

## 泰州长江公路大桥与伊斯坦布尔博斯普鲁斯海峡大桥

邮票志号　2012-29
发行日期　2012.11.26

（2-1）泰州长江公路大桥

（2-2）伊斯坦布尔博斯普鲁斯海峡大桥

泰州长江公路大桥位于江苏泰州与镇江、常州市之间，全长62千米，是世界首座三塔双跨钢箱梁悬索桥。伊斯坦布尔博斯普鲁斯海峡大桥，全长1560米，是欧洲第一大钢索吊桥，也是世界第四大吊桥。

## 中国船舶工业

(4-1) 航天测量船
(4-2) 薄膜型液化天然气运输船
(4-3) 海上浮式生产储油船
(4-4) 导弹驱逐舰

伍 | 长风破浪会有时　　　　175

邮票志号　2015-10
发行日期　2015.6.3

船舶工业被喻为"面向海洋的装备业"，是为开发海洋资源、发展海洋经济、保护海洋生态环境、维护海洋权益提供关键装备和核心技术的基础性产业，是建设海洋强国的重要力量。

## 中国首架喷气式支线客机交付运营

邮票志号　2015-28
发行日期　2015.11.28

这是我国首次按照国际适航标准自主研制的新型涡扇喷气支线飞机。该支线飞机的交付运营，标志着中国民机产业实现了历史性突破。

# 农业现代化稳步推进

经济的发展加快了我国农业现代化转型的脚步。目前，我国粮食生产能力已经达到12000亿斤。按照平均一个人一年300斤粮食的水平，中国的粮食年产量，可以养活40多亿人，农业的成功转型让我国农民真切感受到了改革开放带来的福利。

十八大以来，我国城镇化率年均提高1.2个百分点，8000多万农业转移人口成为城镇居民。在城镇打工的农民工所享受到的福利待遇也日渐增多，城乡差距缩减显著。

## 杂交水稻

邮票志号　2013-29
发行日期　2013.10.25

(2-1) 制种　　　　　(2-2) 丰收

选用两个在遗传上有一定差异，同时它们的优良性状又能互补的水稻品种，进行杂交，生产具有杂种优势的第一代杂交种，这就是杂交水稻。杂种优势是生物界的普遍现象，利用杂种优势提高农作物产量和品质是现代农业科学的主要成就之一。中国发明的杂交水稻，除在国内发展迅速外，在国外，已有越南、印度、菲律宾和美国应用于大面积生产，并取得了显著的增产效果。

# 区域发展协调性增强

　　一枝独秀不是春，百花齐放春满园。在目前国际大环境下，加强区域性合作已然成为各国发展的主题。我国积极顺应环境，深入实施区域发展总体战略，扎实推进"一带一路"建设、京津冀协同发展、长江经济带发展等重大国家战略实施，使得经济发展空间格局进一步优化，区域政策体系进一步完善，地区间开放合作进一步深化，区域发展的协调性显著增强。创新、协调、绿色、开放、共享的新发展理念，正赋予中国全新的发展动能。中华民族伟大复兴的宏伟誓愿，正在世界的东方回响。同心同德，同向同行，美好生活正在每一个中国人手中创造。

## 天津滨海新区

邮票志号　2011-27
发行日期　2011.10.21

（3-1）宜居新城

（3-2）于家堡金融区

（3-3）国家动漫园

港口（小型张）

# 科技强国

科技兴则民族兴，科技强则国家强。科学技术是第一生产力，我国高度重视科学技术的发展。党的十八大做出了实施创新驱动发展战略的重要部署，科技发展进入了快车道。2016年5月30日，习近平总书记在"科技三会"上发表重要讲话，号召全党全国建设世界科技强国，我国的科技发展迎来了新一轮的高峰。十九大报告中指出，五年来，我国创新驱动发展战略大力实施，创新型国家建设成果丰硕，天宫、蛟龙、天眼、悟空、墨子、大飞机等重大科技成果相继问世。未来，科技创新这一发展新引擎，必将汇聚更强劲的动力源，铸就更多的"中国奇迹"。

## 人工全合成结晶牛胰岛素五十周年

邮票志号　2015-22
发行日期　2015.9.17

人工全合成结晶牛胰岛素于1965年由中国科学院上海生物化学研究所、北京大学化学系、中国科学院上海有机化学研究所成功合成。这是世界上第一次用人工方法合成与天然胰岛素分子相同化学结构并具有完整生物活性的蛋白质，标志着人类在揭示生命本质的征途上实现了一个里程碑式的飞跃，其蕴含的创新胆略、协作突破等科学精神烛照当今，是前沿科学研究的典范。

## 科技创新

邮票志号　2017-23
发行日期　2017.9.17

（5-1）500米口径球面射电望远镜

（5-2）"墨子号"量子科学实验卫星

（5-3）"探索一号"科考船

（5-4）渤海粮仓科技示范工程

（5-5）"神威·太湖之光"超级计算机

我国在科技领域取得的一批国际领先的重大成果，未来必将铸就更多的"中国奇迹"。

## 中国梦——国家富强

邮票志号　2013-25
发行日期　2013.9.29

(4-1) 神舟飞船与天宫一号交会对接

(4-2) 北斗卫星导航系统

(4-3) 辽宁号航空母舰

(4-4) 蛟龙号载人潜水器

该套邮票展示我国的太空成就和海洋成就，寓意了国人"上九天揽月，下五洋捉鳖"的梦想，充分展现了中国国家富强、综合国力提升的伟大成果。

## 中国极地科学考察三十周年

邮票志号　2014-28
发行日期　2014.11.20

(2-1)　南极科学考察
(2-2)　北极科学考察

## 中国首次落月成功纪念

邮票志号　特9-2014
发行日期　2014.1.1

（2-1）嫦娥三号着陆器

（2-2）玉兔号月球车

## 第十届中国国际航空航天博览会

邮票志号　2014-27
发行日期　2014.11.11.

（2-1）鹰击长空

（2-2）九天揽月

第十届中国国际航空航天博览会于2014年11月11日至16日在珠海举行。

# 民主法治建设迈出重大步伐

进入新时代以来，我国积极发展社会主义民主政治，全面推进依法治国。党的领导、人民当家作主、依法治国有机统一的制度体制全面加强，党的领导体制机制不断完善，社会主义民主不断发展，党内民主更加广泛，社会主义协商民主全面展开，爱国统一战线巩固发展，民族宗教工作创新推进。

## 全国人民代表大会成立六十周年

邮票志号　2014-21
发行日期　2014.9.15

（2-1）当家作主

（2-2）依法治国

由传统的人情社会过渡到法治社会，需要一定的时间。近年来，随着科学立法、严格执法、公正司法、全民守法的深入推进，法治国家、法治政府、法治社会建设的相互促进，中国特色社会主义法治体系的日益完善，全社会法治观念明显增强。国家监察体制改革试点取得实效，行政体制改革、司法体制改革、权力运行制约和监督体系建设有效实施。

**现行宪法公布施行三十周年**

邮票志号　2012-31
发行日期　2012.12.4

# 中国审计

邮票志号　2012-32
发行日期　2012.11.30

(4-1) 审计萌芽

(4-2) 古代审计

(4-3) 红色审计

(4-4) 当代审计

1994年，《中华人民共和国审计法》颁布。审计机关依法履行审计监督职责，在推动完善国家治理、维护国家经济安全、促进反腐倡廉和改革发展、推进民主法治建设等方面发挥了积极作用。该套邮票汇聚了具有鲜明中国审计文化特色的元素。

# 思想文化建设取得重大进展

国家强大，说到底还是文化的强大。以习近平同志为总书记的党中央高度重视精神文明建设，多次强调要加强党对意识形态工作的领导，党的理论创新全面推进，马克思主义在意识形态领域的指导地位更加鲜明，中国特色社会主义和中国梦深入人心，社会主义核心价值观和中华优秀传统文化广泛弘扬，群众性精神文明创建活动扎实开展。主旋律更加响亮，正能量更加强劲，文化自信得到彰显，国家文化软实力和中华文化影响力大幅提升，全党全社会思想上的团结统一更加巩固。

## 中共中央党校建校八十周年

邮票志号　2013-5
发行日期　2013.3.13

## 图说我们的价值观

邮票志号　2015-29
发行日期　2015.11.29

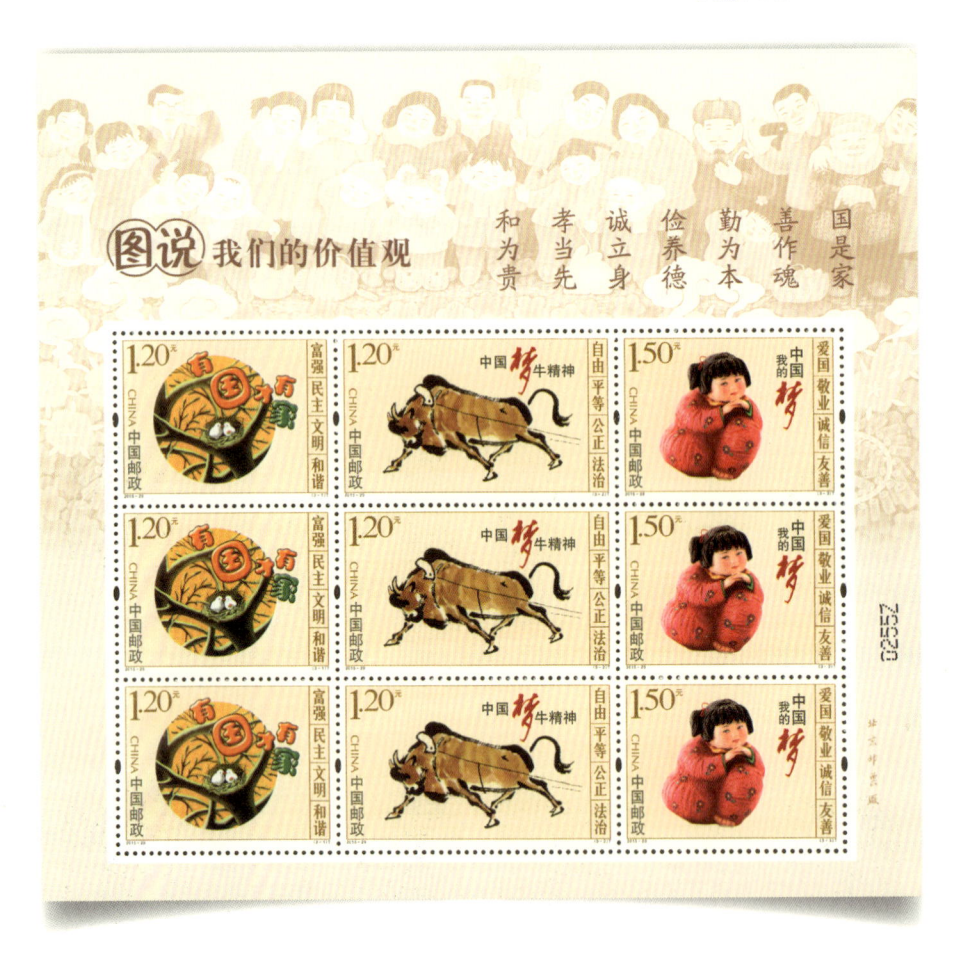

(3-1) 有国才有家
(3-2) 中国梦 牛精神
(3-3) 中国梦 我的梦

社会主义核心价值体系是兴国之魂，决定着中国特色社会主义的发展方向。社会主义核心价值观是社会主义核心价值体系的内核，是社会主义核心价值体系的高度凝练和集中表达。24字核心价值观分成3个层面：富强、民主、文明、和谐，是国家层面的价值目标；自由、平等、公正、法治，是社会层面的价值取向；爱国、敬业、诚信、友善，是公民个人层面的价值准则。该套邮票形象地宣传阐述社会主义核心价值观。

## 毛泽东"向雷锋同志学习"题词发表五十周年

邮票志号　2013-3
发行日期　2013.3.5

(4-1) 向雷锋同志学习

(4-2) 学习钻研

(4-3) 爱岗敬业

(4-4) 助人为乐

## 《在延安文艺座谈会上的讲话》发表七十周年

邮票志号　2012-11
发行日期　2012.5.23

2014年10月15日，习近平总书记主持召开文艺工作座谈会，强调坚持以人民为中心的创作导向，努力创作更多无愧于时代的优秀作品。

（2-1）座谈会旧址　　　　（2-2）文艺发展繁荣

## 孔子学院

邮票志号　2012-30
发行日期　2012.12.1

2014年9月24日，习近平出席纪念孔子诞辰2565周年国际学术研讨会暨国际儒学联合会第五届会员大会。

（2-1）交流　　　　（2-2）教学

## 全民阅读

邮票志号　2016-8
发行日期　2016.4.23

4月23日是世界读书日。2015年李克强总理在政府工作报告中提出"倡导全民阅读，建设书香社会"的号召，为全面深化改革时期的政治、经济、社会发展增添了文化底蕴。2016年又恰逢中央倡导和开展全民阅读10周年。10多年来，全民阅读活动不断深入，社会影响日益深远，各类阅读活动蓬勃开展，阅读逐渐成为一种社会风尚。

# 坚定文化自信

中华历史延绵不断，中华文化在世界文化舞台上自成一派，独具风格。随着我国改革开放力度不断加大，国家实力日益增强，我国公民更应坚定信念，坚定文化自信，使以爱国主义为核心的民族精神发扬光大，让中华文化屹立于世界文化舞台。

十八大以来，我国公共文化服务水平不断提高，文艺创作持续繁荣，文化事业和文化产业蓬勃发展，互联网建设管理运用不断完善，全民健身和竞技体育全面发展。我国文化事业正向着百花齐放、百家争鸣、不断创新的方向前行。

## 商务印书馆

邮票志号　2017-4
发行日期　2017.2.27

120多年来，商务印书馆始终以"昌明教育，开启民智"为己任，引领和推动着中国出版和文化教育事业的发展，为中国现代化发展进程和社会主义精神文明建设作出了重要贡献。

## 新华通讯社建社八十周年

邮票志号　2011-28
发行日期　2011.11.7

(4-1) 红色电波

(4-2) 抗战号角

(4-3) 解放战鼓

(4-4) 走向世界

## 国家博物馆

邮票志号　2012-16
发行日期　2012.7.8

(2-1) 馆藏文物——尊 　　　　　　(2-2) 馆藏文物——鼎

2003年2月，在原中国历史博物馆和中国革命博物馆两馆的基础上组建成立了中国国家博物馆，它是一座历史与艺术并重，集收藏、展览、研究、考古、公共教育、文化交流于一体的综合性国家博物馆，也是世界上单体建筑面积最大的博物馆。

## 故宫博物院

邮票志号　2015-21
发行日期　2015.10.10

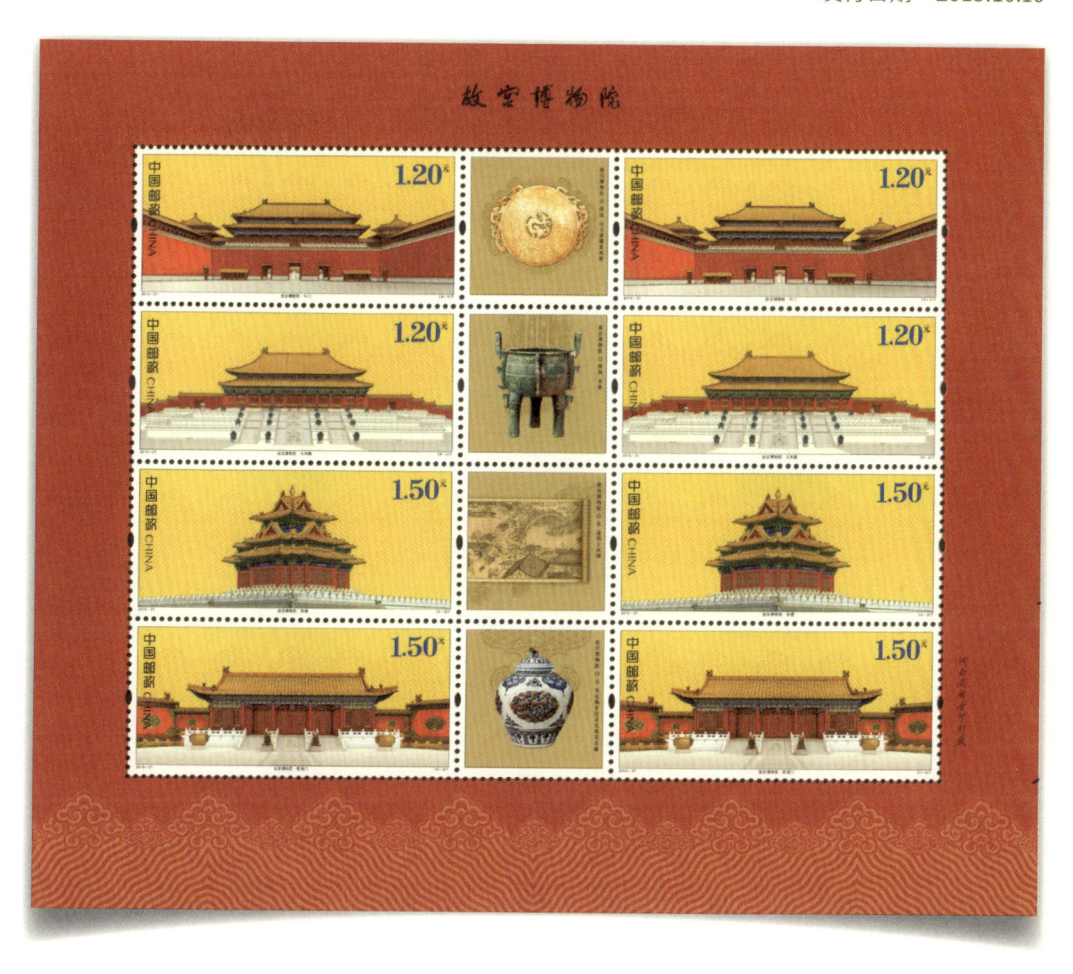

(4-1) 午门·白玉镂雕龙凤璧
(4-2) 太和殿·水鼎
(4-3) 角楼·清明上河图
(4-4) 乾清门·青花釉里红开光镂花盖罐

故宫博物院位于北京中心南北中轴线上，成立于1925年10月10日，是一座以明清两代皇宫——紫禁城建筑群、明清宫廷史迹和传承有序的历代内府珍藏为主要展示内容的博物馆。90多年来，故宫博物院不仅为中华民族完整地保留了当今世界上规模最大、保存最完整的木构宫殿建筑群，庋藏了数以百万计的文物珍品，同时也为中华文明的普及和推广作出了重要贡献。

## 第十届中国艺术节

邮票志号　2013-26
发行日期　2013.10.11

## 网络生活

邮票志号　2014-6
发行日期　2014.4.20

（4-1）信息交流

（4-2）电子商务

（4-3）移动互联

（4-4）云计算

2014年11月19日至21日，首届世界互联网大会在浙江乌镇举行。

小邮票大中国　纪念改革开放四十周年

## 深圳第26届世界大学生夏季运动会

邮票志号　2011-11
发行日期　2011.5.4

（4-1）会徽
（4-2）吉祥物
（4-3）大运中心
（4-4）主题口号

## 海阳2012第三届亚洲沙滩运动会

邮票志号　2012-13
发行日期　2012.6.16

（3-1）沙滩排球　　　　　　　　（3-2）公路轮滑

（3-3）滑水

## 中华人民共和国第十二届运动会

邮票志号　2013-19
发行日期　2013.8.31

(2-1) 艺术体操

(2-2) 击剑

## 中华人民共和国第十三届运动会

邮票志号　2017-20
发行日期　2017.8.27

（2-1）竞技体育
（2-2）群众体育

中华人民共和国第十三届运动会于2017年8月27日至9月8日在天津市举办。本届全运会以"全运惠民，健康中国"为主题，有1万余名专业运动员围绕33个竞赛项目展开角逐。

## 乒乓球运动

邮票志号　2013-24
发行日期　2013.9.27

（2-1）拉弧圈球

（2-2）正手发球

## 第二届夏季青年奥林匹克运动会

邮票志号　2014-16
发行日期　2014.8.16

南京青年奥林匹克运动会（又称南京青奥会），于2014年8月16日在南京开幕。南京青奥会是继北京奥运会后中国的又一个重大奥运赛事，是中国首次举办的青奥会。

## 北京2022年冬奥会会徽和冬残奥会会徽

邮票志号　2017-31
发行日期　2017.12.31

（2-1）冬奥会会徽　　　　　　（2-2）冬残奥会会徽

北京2022年冬奥会和冬残奥会将于2022年2月在北京和张家口两个城市联合举行。这是中国历史上第一次举办冬季奥运会，也是中国继北京奥运会、南京青奥会后，第三次举办的奥运赛事。

# 人民生活不断改善，脱贫攻坚战取得决定性进展

为了实现中国于2020年全面进入小康社会的承诺，为了让中国贫困人民尽快享受到改革开放的成果，以习近平同志为总书记的党中央深入贯彻以人民为中心的发展思想，落地实施一大批惠民举措，中国人民有了更多的获得感、幸福感和安全感。6000多万贫困人口稳定脱贫，贫困发生率从10.2%下降到4%以下。教育事业全面发展，中西部和农村教育明显加强。就业状况持续改善，十八大以来，城镇新增就业年均1300万人以上。城乡居民收入增速超过经济增速，中等收入群体持续扩大。覆盖城乡居民的社会保障体系基本建立，人民健康和医疗卫生水平大幅提高，保障性住房建设稳步推进。社会治理体系更加完善，社会大局保持稳定，国家安全全面加强。

## 扶贫日

邮票志号　2016-30
发行日期　2016.10.17

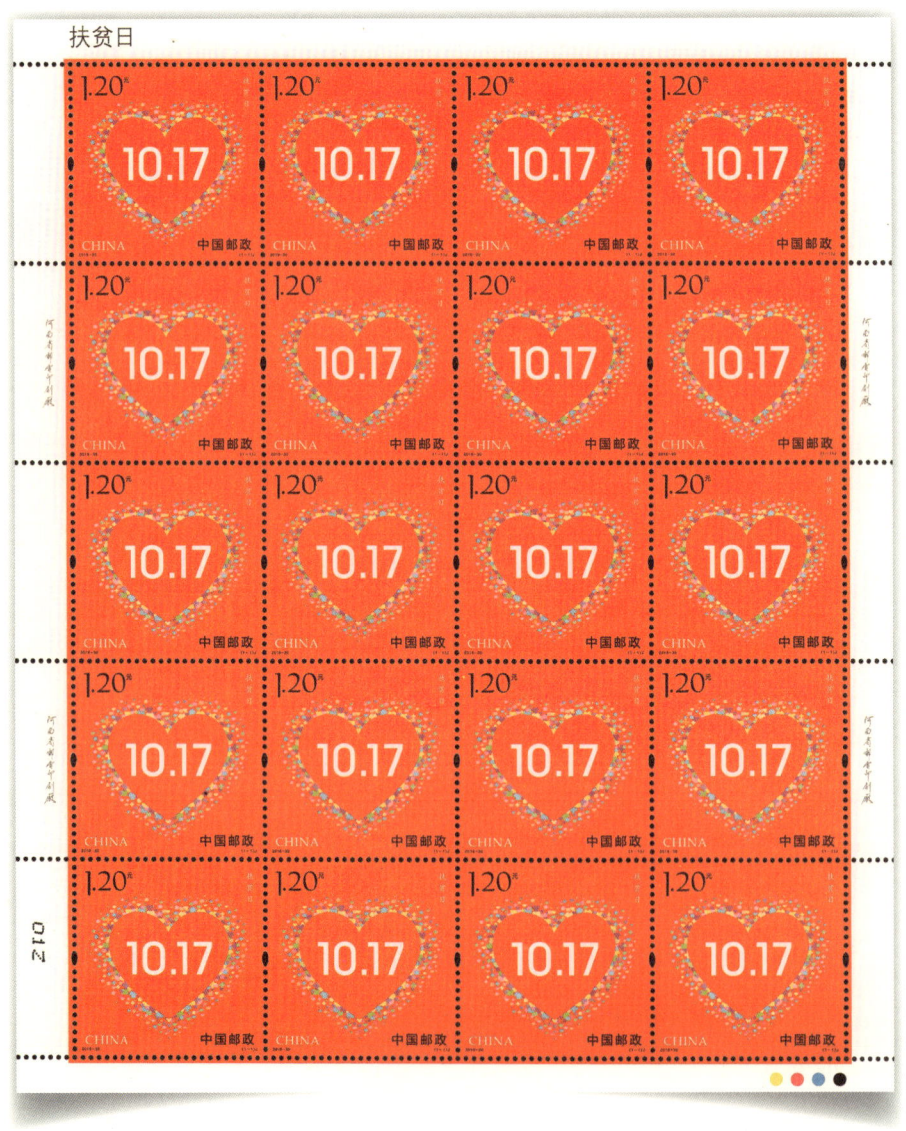

2016年10月17日是我国的第三个扶贫日，各级政府围绕脱贫攻坚工作大局，坚持精准扶贫、精准脱贫的基本方略，努力实现社会帮扶资源与贫困群众脱贫需求的有效对接，因村因户因人分类施策，打好扶贫工作攻坚战。

## 城乡居民社会养老保险制度全覆盖

邮票志号　2012-15
发行日期　2012.7.1

## 延边风情

邮票志号　2012-24
发行日期　2012.9.3

(3-1) 丰收舞

(3-2) 繁荣赞

(3-3) 和谐颂

延边朝鲜族自治州成立于1952年9月3日，成立60多年来，在党和民族政策光辉照耀下，在全州各族人民的共同努力下，延边各项事业取得了重大的成就，整体面貌发生了翻天覆地的变化。

# 生态文明建设成效显著

在全球经济快速发展的同时，地球环境也遭受到严重的摧残。其中，以温室效应最为突出。随着全球变暖的日益严重，中国主动节能减排，倡导"绿水青山就是金山银山"，大力推进生态文明建设。近年来我国贯彻绿色发展理念的自觉性和主动性显著增强，忽视生态环境保护的状况明显改变。生态文明制度体系加快形成，主体功能区制度逐步健全，国家公园体制试点积极推进。全面节约资源有效推进，能源资源消耗强度大幅下降。重大生态保护和修复工程进展顺利，森林覆盖率持续提高。生态环境治理明显加强，环境状况得到改善。引导应对气候变化国际合作，中国成为全球生态文明建设的重要参与者、贡献者。

**环境日**

邮票志号　2015-11
发行日期　2015.6.5

2015年"环境日"主题为"践行绿色生活"，旨在广泛传播和弘扬"生活方式绿色化"理念；呼吁人人行动起来，从自身做起，从身边小事做起，实现生活方式和消费模式向勤俭节约、绿色低碳、文明健康的方向转变；呼应联合国环境署确定的"可持续消费和生产"的世界环境日主题。

# 美丽中国（一）

邮票志号　普32
发行日期　2013.5.19

（6-1）霞浦滩涂

（6-2）张家界天子山

（6-3）三沙七连屿

（6-4）盘锦红海滩

（6-5）龙胜梯田

（6-6）兴化垛田

邮票选取我国东南西北各地风光，其地貌差别大，风景多样，方寸之上展示了我国的幅员辽阔，山川秀美。

## 美丽中国（二）

邮票志号　普32
发行日期　2016.5.12

（4-1）牡丹江雪乡

（4-2）兴义万峰林

（4-3）石嘴山沙湖

（4-4）杭州西溪湿地

## 2011西安世界园艺博览会

邮票志号　2011-10
发行日期　2011.4.28

（2-1）会徽 　　　　　　　　　（2-2）吉祥物

## 第十届中国国际园林博览会

邮票志号　2015-23
发行日期　2015.9.25

(2-1) 生态园博

(2-2) 绿色生活

第十届中国国际园林博览会于2015年9月至2016年5月在湖北武汉举办。中国国际园林博览会，简称园博会，创办于1997年，每两年举办一届，是中国园林行业层次最高、规模最大和影响最远的国际性盛会。本届园博会以"绿色连接你我，园林融入生活"为主题。

## 2016唐山世界园艺博览会

邮票志号　2016-9
发行日期　2016.4.29

(2-1) 都市与自然

(2-2) 凤凰涅槃

2016唐山世界园艺博览会于2016年4月29日至10月16日在河北省唐山市南湖公园举办，主题为"都市与自然·凤凰涅槃"，其含义是：时尚园艺、绿色环保、低碳生活；都市与自然和谐共生。办会原则为"节俭、洁净、杰出"，目标为打造一届"精彩难忘、永不落幕"的世界园艺盛会。

2016年恰逢唐山抗震40周年，在唐山举办世园会，可以向世人展示唐山抗震重建和生态治理恢复的成果，表明唐山人民保护环境、修复生态、实现资源型城市转型和可持续发展的决心。

## 强军兴军　开创新局面

只有强大的军队才能保证我们的国家在国际社会能站稳脚跟，才能保证我国的人民在国际社会得到尊重。随着经济发展，我国的军队建设也向着现代化、高精尖的方向转型：着眼于实现中国梦、强军梦，我国制定了新形势下的军事战略方针，全力推进国防和军队现代化。国防和军队改革取得历史性突破，形成军委管总、战区主战、军种主建新格局，人民军队组织架构和力量体系实现革命性重塑。加强练兵备战，有效遂行海上维权、反恐维稳、抢险救灾、国际维和、亚丁湾护航、人道主义救援等重大任务，武器装备加快发展，军事斗争准备取得重大进展。人民军队在中国特色强军之路上迈出坚定步伐。

中国人民解放军建军九十周年

邮票志号　2017-18
发行日期　2017.8.1

(6-1)　陆军
(6-2)　海军
(6-3)　空军
(6-4)　火箭军
(6-5)　战略支援部队
(6-6)　武装警察部队

听党指挥（小型张）

邮票展现了中国人民解放军的飒爽英姿和中国军事作战装备的硬件实力，主题鲜明，磅礴大气，画面具有强烈的动感和威严的气势。小型张上军旗飘扬，各军种英姿飒爽，背景衬托各军种高尖端装备，描绘了我军战士联合作战的画面，既表现了中国人民解放军威武雄壮的军容和现代化水平，也表现了在党的指挥下，人民军队忠实履行保卫祖国、捍卫和平的神圣使命。

## 中国飞机（二）

邮票志号　2011-9
发行日期　2011.4.17

（3-1）歼-10歼击机

（3-2）飞豹歼击轰炸机

（3-3）AC313直升机

# 港澳台工作取得新进展

我国国土完整与主权完整不容侵犯，在我国全面贯彻"一国两制"方针的同时，牢牢掌握宪法和基本法赋予的中央对香港、澳门全面管治权，深化内地和港澳地区交流合作，保持香港、澳门繁荣稳定。坚持体现一个中国原则的"九二共识"，推动海峡两岸关系和平发展，加强两岸经济文化交流合作与发展。

## 香港回归祖国二十周年

邮票志号　2017-16
发行日期　2017.7.1

(3-1)　龙腾香江
(3-2)　特区新颜
(3-3)　紫荆追梦

2017年7月1日是香港回归祖国20周年纪念日。20多年来，"一国两制"实践取得丰硕成果，香港继续保持原有的资本主义制度和生活方式不变；继续保持国际金融、贸易、航运中心地位，被公认为全球最具竞争力的地区之一和最自由的经济体；与内地的联系更加紧密，对外交往不断扩大，国际影响进一步提升。

## 台湾古迹

邮票志号　2005-3
发行日期　2005.1.30

(5-1)　台北府城北门
(5-2)　台南孔子庙
(5-3)　鹿港龙山寺
(5-4)　台南二鲲身炮台
(5-5)　澎湖天后宫

台湾自古以来就是中国领土不可分割的一部分。那里的每一寸土地历来都是中华儿女繁衍生息的地方，都浸润着中华文化的日月光华、沐浴着华夏文明的雨露春风。古厝老城、碑碣陵墓，记录下中华儿女开发建设台湾的艰辛历程；边关炮台、城堡要塞，讲述着中国人民反抗列强、保家卫国的悲壮故事；名刹宝寺、祠堂庙宇，展现着中华传统文化的历史风貌。

# 开放全方位对外开放新格局

习近平总书记在中央外事工作会议上的重要讲话中指出，我国已经进入了实现中华民族伟大复兴的关键阶段。中国与世界的关系在发生深刻变化。为顺应国际国内发展的新趋势，我国实施共建"一带一路"倡议。而"一带一路"的倡议实施几年来，有着可喜的进展。

进入新时代以来，我国高度重视对外开放。今天在面对巨大变化中的外部形势，进一步扩大开放是中国应对挑战的坚定选择。我们要坚定不移地开创对外开放新格局，形成全方位、多层次、立体化的开放布局，为我国发展营造了良好的外部条件。实施共建"一带一路"倡议，发起创办亚洲基础设施投资银行，设立丝路基金，举办首届"一带一路"国际合作高峰论坛、亚太经合组织领导人非正式会议、二十国集团领导人杭州峰会、金砖国家领导人厦门会晤、亚信峰会。倡导构建人类命运共同体，促进全球治理体系变革。

我国国际影响力、感召力、塑造力等进一步提高，为世界和平与发展作出新的重大贡献。党的十九大以来，一系列扩大开放的措施落地实施，中国的对外开放范围更大、领域更宽、层次更深，全面开放新格局正在加速形成。

## 丝绸之路

邮票志号　2012-19
发行日期　2012.8.1

(4-1)　千年帝京
(4-2)　大漠雄关
(4-3)　神秘故国
(4-4)　西域胜境

小邮票大中国　纪念改革开放四十周年

交流（小型张）

2013年9月和10月,中国国家主席习近平在出访中亚和东南亚国家期间,先后提出共建"丝绸之路经济带"和"21世纪海上丝绸之路"的重大倡议。这一构想以"政策沟通、设施联通、贸易畅通、资金融通、民心相通"为主要内容,将为沿线各国经济社会共同发展创造更加美好的明天。

海上丝绸之路

邮票志号　2016-26
发行日期　2016.9.10

(6-1) 政策沟通
(6-2) 设施联通
(6-3) 贸易畅通
(6-4) 资金融通
(6-5) 民心相通
(6-6) 海上交通

"21世纪海上丝绸之路"建设不仅延续古代海上丝绸之路曾经繁荣的海上合作，还赋予其新的时代内涵，使之成为促进共同发展、实现共同繁荣的合作共赢之路，增进理解信任、加强全方位交流的和平友谊之路。

## 2016年二十国集团杭州峰会

邮票志号　2016-25
发行日期　2016.8.27

二十国集团（G20）领导人第十一次峰会于2016年9月4日至5日在浙江省杭州市举办，这是中国首次主办二十国集团峰会。本次峰会以"构建创新、活力、联动、包容的世界经济"为主题，并在此之下设定了"创新增长方式""更高效的全球经济金融治理""强劲的国际贸易和投资""包容和联动式发展"四项重点议题。作为此次峰会的主办国，中国会同二十国集团其他成员一道，发扬同舟共济、合作共赢的伙伴精神，在以往峰会成果的基础上，夯实世界经济复苏和增长的基础，推动世界经济迈向新一轮增长和繁荣。

## 金砖国家领导人厦门会晤

邮票志号　2017-19
发行日期　2017.8.19

厦门会晤以"深化金砖伙伴关系，开辟更加光明未来"为主题，回顾总结过去10年合作经验，携手规划未来发展愿景。中方愿同各成员国一道，秉持开放包容、合作共赢的金砖精神，全面落实历届领导人会晤成果，构建更加紧密的伙伴关系，深化各领域务实合作，有效应对全球性挑战，努力为促进世界经济增长、完善全球治理、推动国际关系民主化作出更大贡献。

## 亚太经合组织第二十二次领导人非正式会议

邮票志号　2014-26
发行日期　2014.11.10

## 上海合作组织青岛峰会

邮票志号　2018-16
发行日期　2018.6.9

上海合作组织是由哈萨克斯坦共和国、中华人民共和国、吉尔吉斯共和国、俄罗斯联邦、塔吉克斯坦共和国、乌兹别克斯坦共和国于2001年6月15日在中国上海宣布成立的永久性政府间国际组织。2017年，印度共和国、巴基斯坦伊斯兰共和国成为正式成员国。上海合作组织的宗旨是：加强各成员国之间的相互信任与睦邻友好；鼓励成员国在政治、经贸、科技、文化、教育、能源、交通、旅游、环保及其他领域的有效合作；共同致力于维护和保障地区的和平、安全与稳定；推动建立民主、公正、合理的国际政治经济新秩序。上海合作组织对内遵循"互信、互利、平等、协商，尊重多样文明、谋求共同发展"的"上海精神"，对外奉行不结盟、不针对其他国家和组织及对外开放的原则。上海合作组织成员国元首理事会第十八次会议于2018年6月9日至10日在山东省青岛市举行，发行《上海合作组织青岛峰会》纪念邮票1套1枚。邮票以上海合作组织会徽及主场馆——青岛国际会议中心线描图为主要元素，以祥云、海鸥为装饰，画面下方仍以线描手法，表现海上栈桥、帆船、灯塔、轮船等景物，展现了会议举办地——黄海明珠青岛的特色。

## 第39届国际标准化组织大会

邮票志号　2016-27
发行日期　2016.9.11

第39届国际标准化组织（ISO）大会于2016年9月9至14日在北京召开。国际标准化组织成立于1947年2月23日，是世界上最大的国际标准化机构，其主要任务是协调世界范围内的标准化工作，制定、发布和推广国际标准。这是继1999年后，该大会第二次在中国举办。本届大会主题为"标准促进世界互联互通"，旨在通过加强国际标准化合作，充分发挥标准在全球治理中的协同、规范、引领作用，促进世界互联互通，推进经济、社会、环境和谐发展。

## 中国—东盟博览会

邮票志号　2013-18
发行日期　2013.8.15

中国—东盟博览会是由中国和东盟10国经贸主管部门及东盟秘书处共同主办,广西壮族自治区人民政府承办的国家级、国际性经贸交流盛会,每年在广西南宁举办。这是目前中国境内唯一由多国政府共办且长期在一地举办的展会,其以展览为中心,同时开展多领域、多层次的交流活动,搭建了中国与东盟交流合作的平台。博览会以"促进中国—东盟自由贸易区建设、共享合作与发展机遇"为宗旨。

## 中法建交五十周年

邮票志号　2014-3
发行日期　2014.1.27

（2-1）南京秦淮河

（2-2）巴黎塞纳河

# 后记

改革是中国的时代精神。习近平总书记指出,改革开放是当代中国最鲜明的特色,是我们党在新的历史时期最鲜明的旗帜。总书记用民族复兴的历史标尺,衡量改革开放的不凡意义。铿锵有力的话语,是对历史的总结,更是对未来的谋划;是必胜的信念,更是改革的宣言。

四十年的实践证明,改革开放是发展中国特色社会主义、实现中华民族伟大复兴的必由之路。继续全面深化改革,是对改革开放四十年最好的纪念。不忘初心,筑梦前行,激荡百年的民族复兴的梦想,必将在全面深化改革的进程中得以实现,中华民族必将以更加昂扬的姿态屹立于世界民族之林。